メロディが**ドレミ**で
聞こえるようになる！

著・友寄隆哉

童謡を聞くだけで音感が身につくCDブック

Rittor Music

はじめに

時代を超えて親しまれてきた童謡や唱歌を聞くだけで誰でも、何歳からでも音感が身につく、その秘密とは?

　本書は、童謡や唱歌、わらべ歌などを通じて、誰でも、何歳からでも気軽に音感を養うことのできるCDブックです。
　多くの人が子供の頃から慣れ親しんで来た童謡や唱歌は、音感を鍛えるのに大変有効な教材です。
　多くの童謡や唱歌は、メロディが短く、親しみやすく覚えやすいよう作られています。また、童謡や唱歌の多くは、子供に歌えるような音域で作られていて、大人でも歌いやすくなっています。それでいて、時代を超えて受け継がれるだけの普遍的な構造を持っていることから、音感の基礎トレーニングに最適なのです。
　もちろん、童謡や唱歌の中にも、有名作曲家や詩人が携わった、少し広い音域で作られた大人向けの歌曲もあります（本書収録の「赤とんぼ」、「浜辺の歌」、「荒城の月」、「叱られて」など）。

　本書は、不朽のメロディを"ドレミ"で歌って覚えて（"階名唱法"といいます）、メロディと音階の関係を学び、音感を身につけていきます。
　ドレミで歌う階名唱法なら小学校時代にやったことがある！という人もいるでしょう。しかし、それなのに、音感には自信がないという人も多くいるのではないでしょうか？　詳しくは本編で触れますが、階名唱法を正しく身につけるには、ちょっとしたコツが必要なのです。
　例えば、"さ〜いた〜、さ〜いた〜、チューリップの花が〜"という歌を"ドレミ〜、ドレミ〜、ソミレドレミレ〜"と歌えても、"ぽっぽっぽ〜、はとぽっぽ〜"が"ドレミ〜、ソミド〜レ〜"になるのは知らなかった！というのでは、音感があることに

なりません。これは、単純に「チューリップ」の階名唱を、歌詞として覚えているにすぎません。

　本書の付録CDを正しく活用すれば、大人になってからでも短期間で音感を身につけることができ、シンプルなメロディを聴いたらドレミの音階がわかるようになります。

　こうした"階名唱法"の能力を磨くことは、楽器の演奏や作曲の基礎にもなります。本書によってパワーアップした能力はさまざまなジャンルの音楽で発揮できることでしょう。

　テレビやラジオといったメディアがない時代に育った偉大な音楽家たちは、子供の頃の遊び歌や、祖父母や両親から学んだ歌など、人から人へ伝えられたメロディに多くを学んで来ました。そこには、曲の流行り廃りといった世界はありませんでした。古いものがすべて良いというわけではありませんが、本書では、長い年月を生き残ってきた、音楽的に優れた不朽のメロディを、さまざまな条件（長調の曲、短調の曲、いろいろな拍子の曲など）の中から厳選しています。

　こうした楽曲が持つ歌詞の中には、かつての詩人たちが、普遍的な情緒を描写した、文学性が高い作品もあります。メロディの動きを学んだあとは、歌詞の世界も味わってみてください。

　本書の付録CDでは、ギター伴奏に乗せて、1番は「ドレミ」の階名唱でメロディを、2番は歌詞のある歌を歌っています。くり返し聴いて、階名唱と歌詞の両方から楽曲を学んでいただけたら、と思います。

友寄隆哉

童謡を聞くだけで音感が身につくCDブック
CONTENTS

はじめに ……………………………………………………………… 02

第1章 本当はすごい童謡と唱歌

- 1-1 童謡と唱歌とは？ …………………………………… 08
- 1-2 ドレミで歌うとなぜ音感が良くなるのか？ ……… 12
- 1-3 メロディをドレミで感じるための"移動ド唱法" …… 16
- Column 「しゃぼん玉」と「主われを愛す」 ……………… 20

第2章 音感が身につく20の童謡と唱歌 🎵CD対応

- CD TRACK 01　ふじの山 …………………………………… 22
- CD TRACK 02　うさぎとかめ ……………………………… 24
- CD TRACK 03　どんぐりころころ ………………………… 26
- CD TRACK 04／21　春よ来い ……………………………… 28
- CD TRACK 05　春が来た …………………………………… 30
- CD TRACK 06　うさぎうさぎ ……………………………… 32

CD TRACK 07	背くらべ	34
CD TRACK 08	茶摘(ちゃつみ)	36
CD TRACK 09	故郷(ふるさと)	38
CD TRACK 10 / 23	あめふり	40
CD TRACK 11 / 24	雨	42
CD TRACK 12 / 26	しゃぼん玉	44
CD TRACK 13 / 22	さくらさくら	46
CD TRACK 14 / 27	荒城の月	48
CD TRACK 15	紅葉(もみじ)	50
CD TRACK 16 / 25	浜辺の歌	52
CD TRACK 17 / 28	七つの子	54
CD TRACK 18 / 29	叱られて	56
CD TRACK 19 / 30	赤とんぼ	58
CD TRACK 20 / 31	てぃんさぐぬ花	60
Column	「赤とんぼ」と日本語のアクセント	62

CONTENTS

第3章 音楽の基礎はすべて童謡と唱歌にある

- 3-1　類似メロディで音感を強化しよう ……………… 64
- 3-2　童謡と唱歌のいろいろな拍子 ……………………… 66

あとがき ……………………………………………………… 70

童謡と唱歌のおもな作曲家と作詞家 ……………………… 74

著者プロフィール …………………………………………… 76

付録CDについて …………………………………………… 78

第1章 本当はすごい童謡と唱歌

童謡や唱歌の短い曲の中には、音楽を学ぶための
エッセンスが凝縮されています。
大人でも子供でも、童謡や唱歌のメロディを習得し、
親しんでいくことで、歌や演奏に必要な音感が養われていきます。
まずは、童謡や唱歌の成り立ちや、本書を効果的に使うための
"階名唱"、"移動ド"という考え方を紹介します。

Chapter 1-1 童謡と唱歌とは?

音感の差は歌ってきた童謡や唱歌の差

現在もさまざまなヒット曲が、テレビ、ラジオ、インターネットで流れている中、なぜ今さら童謡や唱歌なのか?という疑問を抱く人もいると思います。

実は童謡や唱歌には音楽の基礎力を育てるための要素が凝縮されていて、大人になってからの音感の差は、子供の頃に、童謡や唱歌をどれほど正確に歌ってきたかという差である、と言っても過言ではありません。

音感の基礎力を鍛える秘訣は、まず、短いメロディ・パターンを覚えてしまうことにあります。そこで、大人にとっても最適な教材となるのが、広く親しまれている童謡であり、あるいは教育目的で作られた唱歌なのです。

まずはその成り立ちから見てみましょう。

唱歌の始まり

話は江戸時代から明治維新の時代まで遡ります。明治に入ると、これまでの鎖国のために世界から取り残された日本は、世界の文明進化国に急激に追いつかないといけませんでした。

"散切り頭を叩いてみれば文明開化の音がする"という有名な言葉が明治時代初期に流行しました。散切り頭とは、簡単にいえば、丁髷(ちょんまげ)を切って洋風の髪型にした男子の頭です。

1871〜1872年(明治4〜5年)に、不平等条約の改正を訴えた岩倉具視率いる使節団がアメリカやヨーロッパを回った際、丁髷頭の使節団は、アメリカでは"頭にピストルを乗せた野蛮人"、ヨーロッパでは"豚のしっぽ"と馬鹿にされたといいます。

岩倉ら使節団は、この時の恥ずかしさをすぐさま日本に伝え、明治政府は西洋国家に受け入れられるための文明国家としての国造りを急速に目指します。

1873年の東京師範学校付属小学校を皮切りに、全国に小学校が建てられ、1875年(明治8年)には現在と変わらない2万4千校ほどの小学校が作られていたといいますから、明治政府の"野蛮人国から文明国に!"という必死さが伝わります。

第1章 本当はすごい童謡と唱歌

　音楽教育も西洋化が目指されましたが、この時代にはまだ、西洋的なメロディを作れる人材がいませんでした。当時は、外国から持ち帰った譜面のメロディや、日本のキリスト教会で歌われていた讃美歌のメロディに、日本語の歌詞が付けられていました。例えば、ドイツ民謡である「ちょうちょう」、スコットランド民謡である「蛍の光」、アメリカ発祥の「仰げば尊し」などです。変わったところでは、"たんたんたぬきの〜"という歌は、賛美歌の替え歌だそうです。

　このような外国の歌に日本語詞をつけたものをまとめたものが、唱歌のはじまりです。1881年（明治14年）、『小学校唱歌集』全3巻が出版され、小学校で音楽の授業が始まりました。

　外国曲の借用から始まった唱歌は、その後、日本人作家による曲と歌詞が文部省に選定され、"文部省唱歌"として編纂されていきました。当時は、国家選定の音楽の教科書ということから、作詞者や作曲者の名前は公表されていませんでした。

　唱歌の作曲家の著名人には、滝廉太郎（たきれんたろう）の名前が挙がります。滝は日本人音楽家としてはふたり目となるヨーロッパ留学生となり1901年に渡航しますが、その5ヵ月後に結核を発症し、帰国して1903年（明治36年）に23歳で亡くなっています。本書にも収録されている「荒城の月」や、その他の「鳩ぽっぽ」、「花」、「雪やこんこん」、「お正月」などの唱歌は1900（明治33年）〜1901年頃に書かれたものです。死後、結核に冒されていたことから、作品を記した多くの譜面が焼却されてしまったといいます。

滝廉太郎
1879〜1903年（明治12〜36年）

童謡の始まり

一方の童謡は、文部省唱歌が始まった37年後、1918年（大正7年）から始まります。きっかけは、これまでになかった児童文芸雑誌というジャンルの斬新な雑誌『赤い鳥』の発刊です（鈴木三重吉が創刊）。当時の一流作家が参加し、多くの作品を提供しています。内容は、童話、童謡、詩、綴り方教育、自由画などです。北原白秋、島崎藤村、泉鏡花、徳田秋声など、さまざまな作家が参加しました。

この『赤い鳥』での童謡は、文部省唱歌への批判から生まれています。これまでの文部省唱歌である「ちょうちょう」や「蛍の光」の歌詞の持つ文語調の古臭さや、また、「仰げば尊し」などの歌詞の説教臭さを否定したところから始まり、自分たちの手で新たな子供たちのための歌を創造しようという活動です。

『赤い鳥』の童謡は、子供の自由な精神の滋養として、文学的な香りを持った詩や音楽を与えようという目的で創作されました。言語学者の金田一春彦は、その国の一流の詩人や作曲家が子供たちのために作品を作ることは、アメリカやヨーロッパにも例がないことと評しています。

大正期の童謡を担った詩人は、北原白秋（1885～1942年）、三木露風（1889～1964年）、西條八十（1892～1970年）などです。

作曲家では、山田耕筰（1886～1965年）、弘田龍太郎（1892～1952年）、本居長世（1885～1945年）などがいます。

中山晋平と『金の船』

児童向け雑誌は多く発刊されるようになり、『赤い鳥』と並び、三大児童雑誌と称された雑誌に『金の船』（のちに『金の星』、『少年少女　金の星』と改名）や、『童謡』がありました。

『金の船』には、作曲家、中山晋平（1887～1952年）がいました。中山は作詞家の野口雨情（1882～1945年）と組んで多くの作品を生み、1920年（大正9年）から『金の船』に寄稿しました。

本書では、このコンビによる「七つの子」、「しゃぼんだま」を取り上げています。また、海野厚の作詞による「背くらべ」も、中山の作曲です。

中山は、その他にも「てるてる坊主」、「あの町この町」、「雨降りお月」、「証城寺の狸囃子」、「こがね虫」、「砂山」、「兎のダンス」、「かくれんぼ」など、よく知られた童謡を数多く残しています。

また、流行歌の分野でも「カチューシャの唄」、「ゴンドラの唄」、「船頭小唄」、「東京行進曲」と多くのヒット曲があります。

第1章 本当はすごい童謡と唱歌

山田耕筰
1886～1965年（明治19年～昭和40年）

中山晋平
1887～1952年（明治20年～昭和27年）

現代で童謡や唱歌を学ぶ意味

　結局のところ、現在一般に聴かれている西洋音楽というのは、12種類の音の組み合わせだけで作られています。その12音の中から選んだ7音が、ひとつの調（キー）の音階（ドレミファソラシ）を形成しています。この7音の音階の組み合わせで、さまざまな楽曲のメロディが生まれています。

　それならば、**短いメロディを数多く記憶してしまえば、この7音で作られる、よくある組み合わせのパターンを簡単に覚えることができる**のではないか、ということに気づくはずです。

　唱歌、童謡、わらべ歌には、7音の音階を駆使したさまざまなメロディが、ごく短い楽曲の中に存在しています。現在であっても、ヒット曲のメロディを分析すれば、結局はこうしたメロディの動きが基礎となっています。

　音感を養うには、ドレミという"階名"を探ることを、日常の中で何気なく行なう習慣を持つことが大切です。テレビやラジオがなかった時代の一流の音楽家たちは、こうした童謡、唱歌を聴き、歌い、演奏し、そのメロディの動きを身につけることで、音感を磨いたのです。昭和の時代、多くの流行歌の作曲家たちが、楽器を利用せず、思いついたメロディを旅先で譜面に書き留めることができたのも、明治、大正に始まった、童謡、唱歌の階名唱の基礎があったからなのです。

　本書は童謡や唱歌を通じて音感を身につけるという主旨ですが、子供たちに芸術性の高いメロディを与えるという目的にも、現代でも十分応えることでしょう。

Chapter 1-2 ドレミで歌うとなぜ音感が良くなるのか?

小学校でも習った"階名唱法"

　本書では、"ドレミ"でメロディを歌う"階名唱法"を扱っています。階名唱法と聞くと、小学校で学んだことを思い出すかもしれません。そういった経験から、何曲かは、ドレミ(階名唱法)で歌える人も多いのではないでしょうか?

　本書の"はじめに"では、"咲いた～、咲いた～、チューリップの花が"の歌詞で有名な、「チューリップ」のメロディを"ドレミ、ドレミ、ソミレド、レミレー"と歌える人でも、"ぽっぽっぽ～、鳩ぽっぽ～"という歌詞で知られている「はと」は階名唱では歌えないという例を挙げました。

　小学校での音楽教育がうまくいっていれば、これはおかしいのです。なぜなら、「チューリップ」と「はと」は、よく似たメロディの要素を持っているからです。

　"ぽっぽっぽ～、鳩ぽっぽ～"の歌詞の「はと」の出だしは"ドレミ～、ソミド～レ～"で、両者のメロディは非常に類似しています。両者には、"ドレミ"という部分や、"ソミ"という部分が共通しているのです。

メロディの共通点を見つける

　こういった共通点を見つけるには、メロディをあっさりと早く歌っていては意識することができません。1曲が長く、高度なアレンジが施された流行歌では、なかなかメロディの音程をゆっくりと味わうことができません。

　そこで、童謡や唱歌のシンプルなメロディを通じて、似たメロディを比較しながら、口ずさんでいくことが大事なのです。

　まず、「チューリップ」と「はと」の出だしが、ともに"ドレミ～"で同じであること。そして続く"ソミ"も同じであることを記憶し、少しずついろいろな曲への関心を増やしていきましょう。

　こうして覚えていけば、"ドレミ～"という出だしのメロディは、「チューリップ」や「はと」だけではなく、「めだかの学校」の"ドレミ～ミ、レ～レドレ～"も同じだと気づくことができるのです。

　また、例えば、"ソミ"というメロディを歌って下さい、と言われたら、この"ソミ"とい

第1章 本当はすごい童謡と唱歌

う階名唱を持ついくつかの童謡や唱歌を知っていればいいのです。"ソミ"のメロディを持つ曲は、前述の「チューリップ」や「はと」と途中もそうですが、"ちょうちょう、ちょうちょう、なのはにとまれ"という歌詞の「ちょうちょう」は、冒頭から"ソミミ〜"です。これらの曲を思い浮かべれば、"ソミ"というメロディは簡単に歌うことができます。

階名唱を歌う際には、こうした"類似性"を見つけながら歌うことが大切です。この類似性が注目されていなかったので、多くの人が体験している階名唱は、ただ歌詞としてドレミを覚えるだけに留まってしまったのです。

「チューリップ」作詞：近藤宮子、作曲：井上武士　「はと」文部省唱歌　「めだかの学校」作詞：茶木滋、作曲：中田喜直

歌詞を利用して音感を磨く

こうした類似性のあるメロディへの意識をさらに高めてくれるのが歌詞の世界です。ある同じ音程を組み合わせたメロディに対して、別の歌詞が付いたメロディがあることを知ると、音程が簡単に記憶に定着していきます。

例えば、"ドレミ"というメロディに対して、"咲いた〜"（チューリップ）と歌う曲もあれば、"ぽっぽっぽ〜"（はと）と歌ったり、"め〜だ〜か〜"（めだかの学校）と歌う曲もあります。こうしたさまざまな曲の歌詞を知ると、ドレミというメロディが記憶に残りやすくなります。

この場合は、"ドレミ"というメロディを聴いて、"咲いた〜"なのか、"ぽっぽっぽ〜"なのか"め〜だ〜か〜"なのか、という3曲もの記憶があるわけです。

こうしたことから、多くの曲の階名唱を知れば知るほど、"あっ！これはドレミのメロディだ！"と気づく可能性が高くなります。

音感に自信のない人は、"この歌詞のメロディは、ドレミなんだな"ということをまずは、"知識"として知ることが大事です。

その結果、ドレミ〜というメロディを聴いた瞬間に、"咲いた〜"、あるいは"ぽっぽっぽ〜"、あるいは"め〜だ〜か〜"と聴こえたりするわけです。

こうした知識を通じて学んだメロディを基礎に、他のメロディに対して、"あっ、これもドレミじゃないか？"と判別できるようになるわけです。

誰しも、"あれ？　このメロディ、どこかで聴いたことがあるな？"と思った経験があると思います。そこに歌詞という知識や、階名唱という知識があれば、どこで聴いたメロディだか判明するのです。

大人が有利になる音感のトレーニング法

本書のメソッドは、つかみどころのない純粋な音としてのメロディ音を、言語として脳で処理される歌詞や階名唱と合体させるという、一種の"音の記憶法"です。その結果、そのメロディを聴いた時に、さまざまな詞を持つ同じメロディの曲が頭に思い浮かぶわけです。

言語能力が発達した大人が音感を鍛えるには、こうした総合力を活用することが大事です。

曲もよく知らない、それぞれの曲への思い出もない、という曲のメロディを覚えられるのは、天才（？）の子供の特権ですが、さまざまな経験と音を結び付けるという脳の使い方は大人こそ有利になります。階名唱と歌詞を利用する本書のメソッドは、子供にはもちろん、大人にとっても大変有効な音感トレーニングなのです。

専門的な能力への基礎にもなる

　専門的には、こうしたメロディに対しての反応をさらに発展させたところに、ハーモニー(和声)の感覚もあります。"あれ？　このコード進行、どこかで聴いたことがある！"と感じるのことのできる能力です。本書を通じて、メロディの類似性を見抜くことができるようになれば、和音進行(コード進行)に対しても同様のチャレンジをしてみるといいでしょう。

　私は、こういったより専門的な音感能力を身につけるための本、『大人のための音感トレーニング本』と、その続編『大人のための音感トレーニング本〜「絶対音程感」への第一歩！編』を書いています。これらの本には、コード進行の聴き取りや、もしメロディに臨時記号の#や♭が付いたらどう歌えばいいかなど、ミュージシャンになりたい人にも向けて発展的な内容を記しました。

　しかし、こうした高度な音感の基礎になるのも、本書で扱う、"童謡や唱歌のようなシンプルなメロディを階名唱法で歌う"という能力です。

　まずは、しっかり本書で音感の基礎を身につけましょう！

Chapter 1-3 メロディをドレミで感じるための"移動ド唱法"

階名唱のふたつの方法

"ドレミ"でメロディを歌う階名唱法には、ふたつの流派（?）があります。それが、固定ド唱法と移動ド唱法です。

固定ド唱法というのは、ドを固定して動かさない、という意味です。そのため、キー（調）が変わると、階名が変わります。

例えば、"さいた〜、さいた〜"という「チューリップ」の歌をハ長調の階名唱法で"ドレミ〜、ドレミ〜"と覚えても、ヘ長調では、"ファソラ〜、ファソラ〜"と歌わないといけません。キーが変わるごとに、階名を変えなければならないのが、固定ド唱法の考え方です。

固定ド唱法は、カラオケに例えるなら、キーを変える度に、その曲の歌詞まで変わる唱法ということになります（この困難さがわかると思います！）。

音楽のキーというのは全部で12個ありますから、固定ド唱法ではひとつの曲の歌詞が12通りある、ということになってしまうのです。

これに対して、移動ド唱法では、キーが変わっても「チューリップ」は必ず"ドレミ〜"から始まるように歌います。

絶対音感に適した固定ド唱法

不都合に思えるような固定ド唱法がなぜ存在しているかと言えば、これは"絶対音感"を持つ人を前提としているからです。"絶対音感"というのは、ある音を聴いたら、その音がピアノなどの楽器上でいう、何の音なのかを当てることができる能力です。絶対音感を持つ人は、ある音を聴いてその音がドなのかレなのかミなのかを、楽器などを使わずに当てることができます。

絶対音感を持つ人は、一旦ドとして覚えてしまった音は、どうしてもドとしか歌えない、という"感覚"を持っています。このため、ハ長調の「チューリップ」を"ドレミ〜"と歌い、ヘ長調の「チューリップ」を"ファソラ〜"と歌うことに抵抗がないのです。むしろ、ハ長調からヘ長調に変わったのに、同じように"ドレミ〜"と歌うことが困難です。

問題は、この固定ド唱法を、絶対音感を持

たない人にまで強要してしまう教育にあります。固定ド唱法は、ドの音を聴いても、楽器なしにはドの音だと判別できない人にとっては、まったく無意味な歌唱法です。

固定ド唱法が主に用いられているクラシック音楽では、作曲者が決めた調（キー）以外の調でやる習慣があまりないので、固定ド唱法でも不都合が生じる機会が少ないと言えます。また、絶対音感所有者は、同じ音をどうしても他の名前で呼ぶことに抵抗があるので、仕方ありません。

ただ、これを絶対音感を持たない人が、無理して真似する必要はないのです。そこで、本書ではもうひとつの流派である、"移動ド唱法"の考え方を推奨しています。

Chapter 1-3

移動ド唱法とは？

"移動ド唱法"というのは、文字通り"ド"の位置がキーによって変わるということです。どんなキーであっても、音階の1番目はド、2番目はレ、3番目はミ、4番目はファ、5番目はソ、6番目はラ、7番目はシとして歌います。

つまり、移動ド唱法をカラオケに例えるなら、キーをいくら変えても歌詞（階名）は変わらないとする考え方、ということになります。

先ほどの例で言えば、ハ長調で「チューリップ」を"ドレミ〜"と覚えたら、ト長調であっても、イ長調であっても、同じく"ドレミ〜"と歌います。移動ド唱法は、固定ド唱法の不都合を解消した唱法なのです。

どんなキーの曲であっても、ハ長調に直して階名を覚えてしまえば、あとはどんなキーで歌っても、同じ階名で歌うことができるのです（実際に歌う音の高さは、それぞれのキーに合わせます）。

絶対音感がある人でも、訓練すれば移動ド唱法をマスターできる、という実例もあります。移動ド唱法をマスターすれば、固定ド唱法に慣れた人が苦手としやすい移調（キーを変えること）も楽になるでしょう。

移動ドと固定ドの一致点

楽譜を読んだことのある人はわかると思いますが、固定ド唱法でも、ハ長調での階名唱法ならば、移動ド唱法と一致します。ハ長調であれば、「チューリップ」は固定ド唱法でも移動ド唱法でも"ドレミ〜です。

別の見方をすると、移動ド唱法というのは、どんなキーであってもハ長調と同じように歌う方法だ、とも言えます。つまり、どんなキーの曲であっても、ハ長調に直してから階名唱を覚えてしまえばいいのです（実際の音の高さはそれぞれのキーで違います。同じなのは言葉だけです！）。

こうした点から、本書に掲載した譜面は、すべてハ長調で掲載しています。絶対音感を持っている人や、固定ド唱法に慣れてしまった人でも問題なく取り組めるようになっています。

それに対して、付録CDの歌やギターの演奏は、移動ド唱法に耳を慣れさせるため、さまざまなキーで収録しています。

移動ド唱法の大きなメリット

　固定ド唱法では、あるキーで曲を覚えても、他のキーの階名を見るとまったく違うメロディに思えてしまいますが、移動ド唱法では、キーが変わっても同じメロディだ！ということが簡単に見抜けるわけです。

　逆に、移動ド唱法を知らないと、同じ"ドレミ〜"であるということが簡単に見抜けないわけです。

　移動ド唱法では、ピアノにない出発点の音（名前がつけられない高さの音）であっても、メロディの音程さえちゃんとしていれば口ずさんで構いません。伴奏なしで歌う場合もCDの歌の高さに合わせる必要はありません。メロディを覚えたら、毎日の暮らしの中で、自分にあった音域でどんどん口ずさんでみてください。

　ここでは固定ド唱法の不都合ばかりを挙げてしまいましたが、固定ド唱法は楽器を弾く際には大変便利な読み方です。固定ドではキーが変わって、音階の位置が変わってもドの音はド、ミの音はミですから、固定ドとして楽譜を捉えた方が、素早く目的の音を出すことができます。しかし、楽譜だけを見て、楽器で音を出さずにメロディを読み取る能力は、これもまた移動ド唱法の延長線上にあるのです。

ハ長調でもヘ長調でもイ長調でも、どんな調でもドーレーミー

「しゃぼん玉」と「主われを愛す」

　本書収録の「しゃぼん玉」(作詞：野口雨情　作曲：中山晋平)が、日本人に最も愛されたという讃美歌「主われを愛す」に類似していて、これは讃美歌に影響を受けていたという野口雨情から来ているのではないかと推理する人もいます。

　メロディの類似性は、移動ド唱法による階名唱を適応すれば歴然とします。

　「主われを愛す」の2小節目の"ミソソ"というリズムでのメロディの止め方(一時的終止)が、「しゃぼん玉」の"とんだ〜"の部分のメロディの"ミソソ"と同じなので、まずはここで、類似性が見つかります。

　そして、「しゃぼん玉」の7〜8小節目と「主われを愛す」の7〜8小節目には、同じ"ララド、ミレド"が出てきます。この2小節間の終止形のメロディ(これで終わってもいいメロディ形)で終わる曲が、現在のポピュラー・ソングも含めてほとんど見当たらないことから、両者が似ているという印象が決定づけられます。

　作曲家なら、「しゃぼん玉」を聴いて、この終止形のメロディが「主われを愛す」の独特のものであることはすぐに見抜けますから、これを隠して「しゃぼん玉」を発表したわけではないと思います。現代風に言えば、「主われを愛す」に対する"オマージュ"(尊敬、敬意)ソングと言えるでしょう。わざと、特徴のあるメロディやリズムを使い"この曲はあの有名な曲に敬意を表して作りました"というメッセージを込めるわけです。歌詞も含めて、日本人に最も愛されたあの讃美歌のように歌い継がれたい、という作者たちの想いもあったのだろうと思います。

　"似ている"と感じる印象が正しいものかどうか明らかにするためにも、移動ド唱法による階名唱は大変有効なのです。

「主われを愛す」の階名

第2章
CD対応
音感が身につく20の童謡と唱歌

数多ある童謡や唱歌の中から、
効果的に音感を身につけていくことのできる
20曲を厳選しました。
付録のCDを何度も聴いてメロディを正しく覚えていきましょう。
階名唱に慣れていくことで、知らない曲のメロディでも
シンプルなものならばだんだんと
階名がわかるようになってくるでしょう。
付録CDは、1番が階名唱、2番が歌詞になっています。
別のトラックでギターのみのメロディ演奏が収録されている曲もあります。
移動ドでの階名唱の能力を高めるため、
歌や演奏はいろいろなキーで収録されています。

ふじの山

作詞：巌谷小波（いわやさざなみ）　作曲：不詳
1911年（明治43年）『尋常小学校読本唱歌』

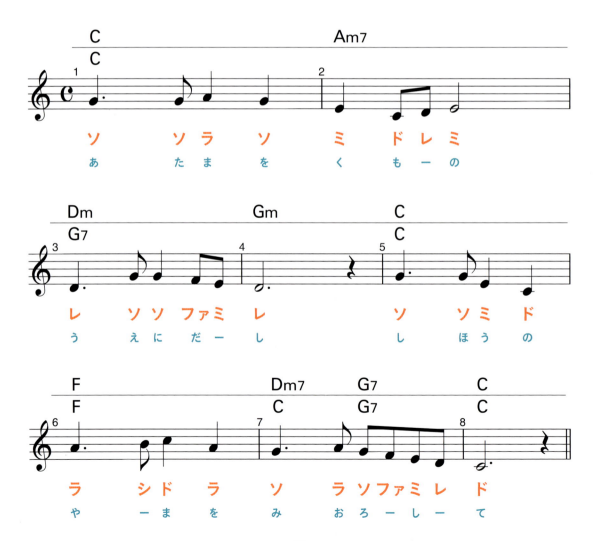

♪ 曲について／メロディのポイント

　曲名は「ふじの山」あるいは「富士山」と呼ばれています。2007年には、"日本の歌百選"に選ばれています。

　この曲のメロディは、西洋音楽の7つ音階の音（ドレミファソラシ）に対する音感を磨くという点で最適です。7つの音の組み合わせで作れるほとんどの音程がバランス良く使われています。西洋音階の教育という目的を持って作曲しないと、これほどバランスのよい曲は生まれません。"ラシドラソ"というメロディで、音階の7番目の"シ"の音が使われています。作曲者不詳というのが残念です。

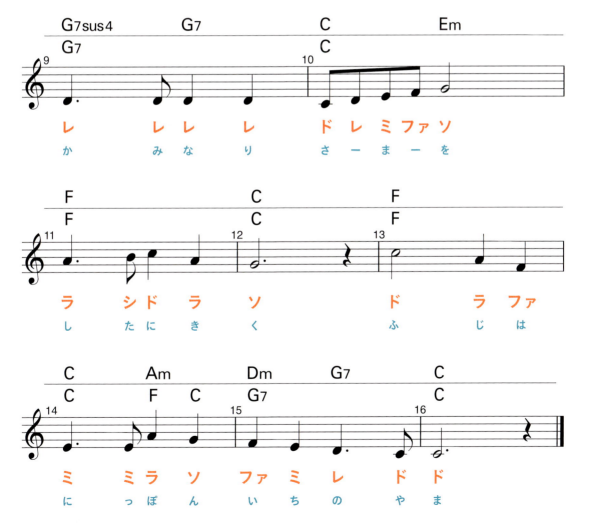

うさぎとかめ

作詞：石原和三郎　作曲：納所弁次郎
1901年（明治34年）『幼年唱歌（二の上）』

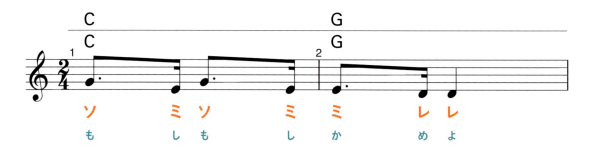

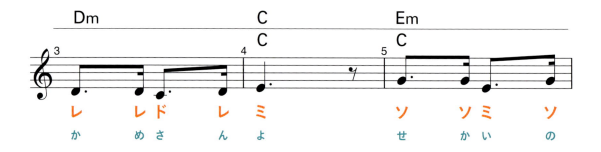

♪ 曲について／メロディのポイント

　夏目漱石の『吾輩は猫である』(1905〜1906年)の中で、子供の歌う代表的な歌として扱われています。また、大正期の一口話に、先生が"電話をかける時には、まずモシモシといいます。その次は何といいますか？"と聞いたら、生徒が"亀よ、亀さんよ、といいます"というものがあります。それくらい広く親しまれていました。
　原典の譜面では11小節目の"ものはな"の"はな"の部分(※1)は付点の付かない普通の音符になっています。また13小節目(※2)も現在の"ラララドラ"と違い"ラララドド"になっています。

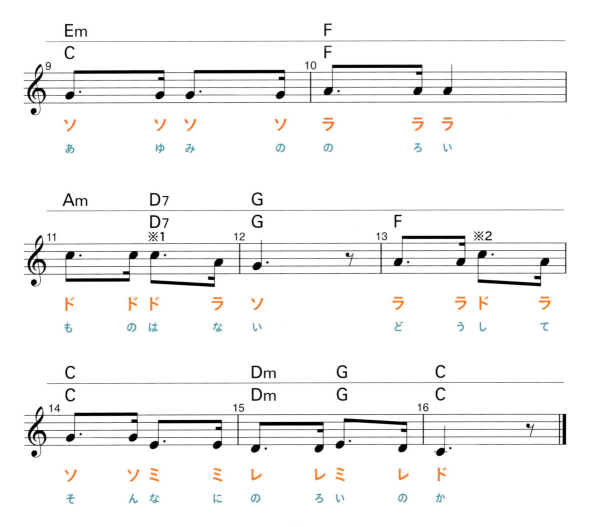

どんぐりころころ

作詞：青木存義（なかよし）　作曲：梁田貞（やなだただし）
大正10年（1921年）『かわいい唱歌』

♪ 曲について

　言語学者の金田一春彦は『童謡・唱歌の世界』の中で「どんぐりころころ」を、日本三大童謡のひとつとしています。他の2曲は、ともに本書収録の「赤とんぼ」と「七つの子」です。

♪ メロディのポイント

　16分音符という細かい音符を使用しているので、一見、複雑な譜面に見えますが、大事なのは音符の細かさではなく階名唱です。
　音感を身につけるために"美味しいメロディ"は、3、4小節の"ミミ、ソソ、ラララッラ、ド、ミミソ"でしょう。高い"ド"からいきなり"ミ"に下行する音程を含みます。"ド"から"ミ"への上行はよくありますが、"ド"から"ミ"への下行は多くありません。
「どんぐりころころ」を歌えるならば、"ド（低）レミド（高）ミ〜"というメロディもすぐに歌えないといけません。応用されたメロディがちゃんと歌えないならば、童謡、唱歌の階名唱も、ちゃんと正しい音程で歌えていないはずです。
　その他にも冒頭の1、2小節にまたがる"ド"から"ソ"の跳躍、6小節での"レ"から7小節目の"ソ"への跳躍も大変"美味しい"音程メロディです。

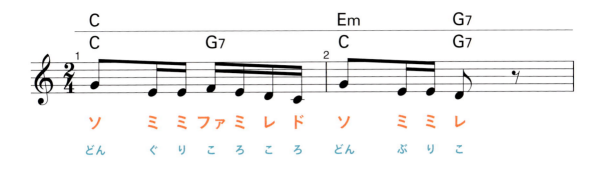

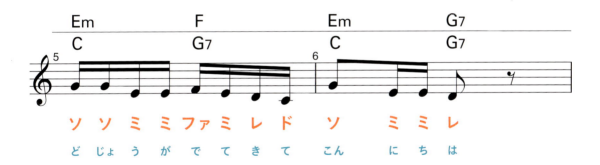

春よ来い

作詞：相馬御風　作曲：弘田龍太郎
1923年（大正12年）『金の鳥』

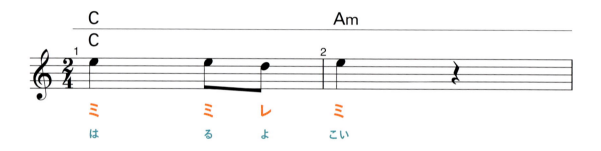

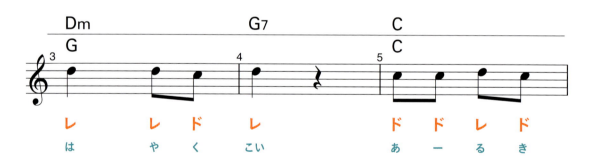

♪ 曲について／メロディのポイント

　作詞をした相馬御風の、2歳の娘、文子のことを歌っています。文子は自分がモデルとは知らずに、小学校の授業でこの曲を習って歌っていたそうです。"ジョジョ"は草履の幼児語です。

　この曲は、ミから下へ下行するメロディの階名唱の練習曲として大変重宝するメロディです。これにより、主音のドから下へ行ったり来たりする下方メロディに強くなります。主音のドより下へ行くメロディを強調する曲は、この他には、「ぞうさん」(作詞：まどみちお、作曲：團伊玖磨)があります。"ぞうさん、ぞうさん"という歌詞の部分が、"ドラソ、ドラソ"と、下がっていくメロディです。

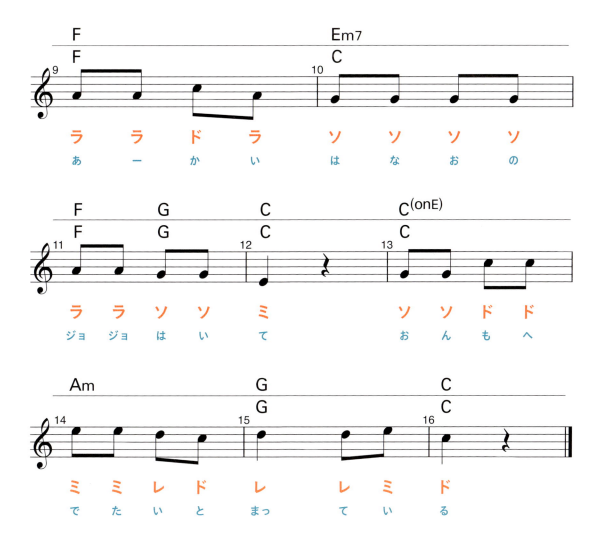

春が来た

作詞：高野辰之　作曲：岡野貞一
1910年（明治43年）『尋常小学読本唱歌』

♪ 曲について

　文部省が最初に編纂した『尋常小学読本唱歌』の全27曲の1曲。これ以降の文部省編纂の教科書に掲載された曲を文部省唱歌と呼んでいます。"読本唱歌"となっているのは、詩は当時『国語読本』に掲載されたからです。
　この27曲の中から戦後も生き残り、歌われ続けたのは、この「春が来た」と「われは海の子」（作詞：宮原晃一郎、補作詞：芳賀矢一【?】、作曲：不詳）くらいだと言われています。

♪ メロディのポイント

　音階の中から、シの音を抜いたドレミファソラの六音階で作られています。一般的に、メロディの出発音は、基本的にドかミかソのどれかです。専門的に言うと、最初に主和音のコード・トーンから始まるからです。ソから歌い出す曲として、この「春が来た」を記憶しておきましょう。
　この曲での"美味しいメロディ"は、最後の"ソミレソド"の箇所です。この音の跳躍は、さまざまな曲に見られます。

うさぎうさぎ

作詞作曲：不詳

♪ 曲について

　江戸時代から伝わると言われる、わらべうたです。子供にも親しまれるメロディですが、西洋音楽を学んだ人で、この譜面を見て理論的な解説ができる人はいないのではないでしょうか。昔から不思議なメロディだと思っていたら、江戸の小唄「岡崎女郎衆」、あるいは、箏曲（琴の曲）の「姫松小松」にそっくりだと金田一春彦と安西愛子の共著の本で指摘されていました。

♪ メロディのポイント

　このメロディは、三味線や琴の曲（箏曲）などにある日本独特の音階から成っていて、陽音階（陽旋法）、陰音階（陰旋法）でいう陰音階です。陰音階は、半音を含んだ音階です。
　一般に音感の悪い人は、半音と全音をちゃんと区別して歌えません。音階の中では、"ミとファ"、"シとド"が半音の関係になっています。半音と全音の違いを覚えるのに最適なメロディです。

第2章 音感が身につく20の童謡と唱歌

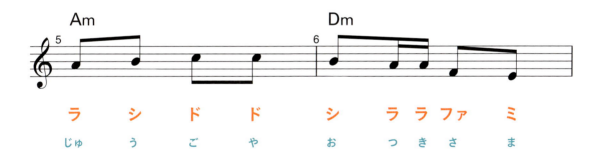

背くらべ

作詞：海野厚　作曲：中山晋平
1923年（大正12年）『子供達の歌（三）』

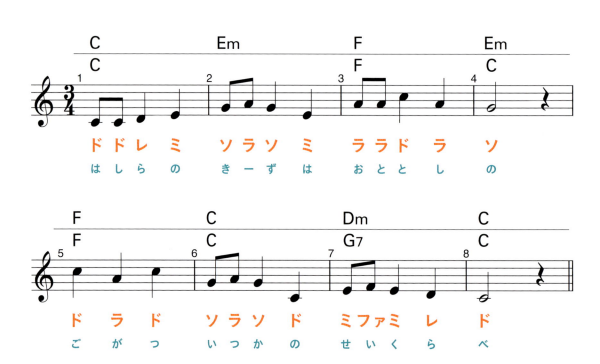

♪ 曲について／メロディのポイント

　詩の第一節は、大正9年に雑誌『少女号』に掲載され、のちにレコード化される際に第二節が加筆されています。

　ドから1オクターブ上のレまでの狭い音域で作られているので、キーを変えれば、子供でも簡単に歌える音域です。ドレミファソラシの"シ"の音だけを抜いた、「しゃぼん玉」と同じ中山晋平節のメロディです。さまざまな"美味しい音程"が散りばめられていますが、8小節目から9小節目にかけての"ド"から1オクターブ上の"ド"への跳躍は、歌が苦手な人には、意外とすぐに歌うことができない音程です。

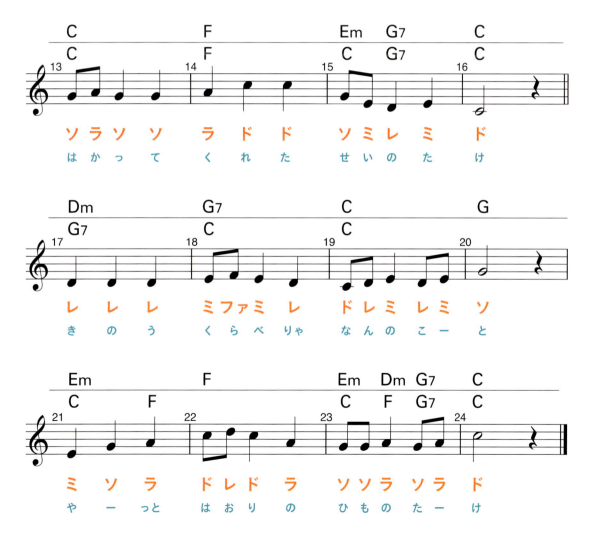

茶摘
ちゃつみ

作詞作曲：不詳
1912年（明治45年）『尋常小学唱歌（三）』

CD TRACK 08

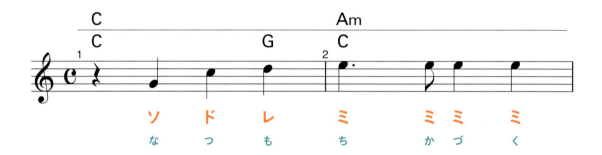

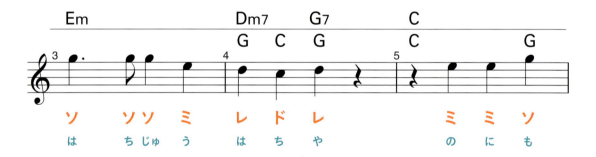

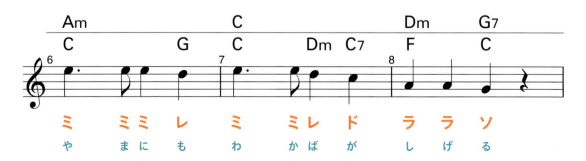

♪ 曲について／メロディのポイント

　文部省唱歌は作詞者や作曲者が不詳なものが多く、無名の一般人が作ったような印象を持っている人がいるかもしれません。しかし、作詞も作曲も当時のプロ中のプロの手によるものであることは、間違いありません。

　冒頭から、現代でもヒット曲によく見られる"ソドレミ"のメロディで、本書収録の「赤とんぼ」よりも、ストレートな使い方です。メロディは、ソからきっちり1オクターブ上のソまでで作られています。ソを中心にした1オクターブだけのメロディという、まるでプロがゲーム感覚で作ったような作品です。

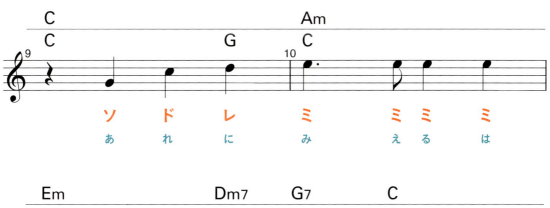

故郷
ふるさと

作詞：高野辰之　作曲：岡野貞一
1914年（大正3年）『尋常小学唱歌』

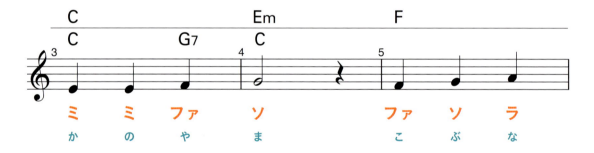

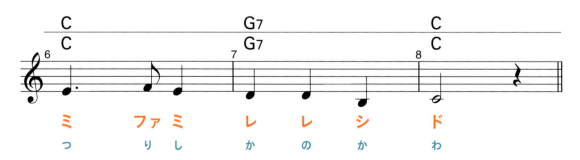

♪ 曲について／メロディのポイント

　高野辰之の故郷である長野県中野市を歌った歌ということです。いつか出世して故郷へ帰りたいという想い込めたといいます。当時、兎を追うのは食用であったので、"ウサギ、美味し"もあながち間違いではないという話もあります。

　冒頭、順序よく音階を登って行くメロディが、歌の苦手な人の音程の練習に最適です。上級者でも5小節から6小節の"ラからミ"への下行、9小節の"レからソ"の下行から、10小節の"ド"への上行メロディ、13小節の"ソ"から14小節の"ド"への下行跳躍など、音感を磨く上での"美味しいメロディ"そのものです。

CD TRACK 10／23

あめふり

作詞：北原白秋　作曲：中山晋平
1925年（大正14年）『コドモノクニ』

♪ 曲について

　同じく北原白秋作詞の雨の歌に、次ページの「雨」がありますが、作曲の弘田龍太郎によって短調の曲になっています。こちらの「あめふり」は、中山晋平によって明るい長調の曲として作曲されています。作詞のイメージに合わせたのでしょう。

♪ メロディのポイント

　ドからドまでのきっちりとした1オクターブ内だけの狭い音域でできています。単純な旋律に見えますが、特に2～4小節での"ミレ、ソミ、ドラ、ソミ、ソ"のメロディは、音感を学びたい人には、まさに"美味しいメロディ"です。
　"レ"から"ソ"や、"ソ"から上の"ド"への跳躍を歌うのは簡単ではありません。しかし、この曲を階名唱法で覚えれば、曲と関連させて簡単に歌えるはずです。階名唱法を利用して音程を覚える、というのはこういうことなのです。
　何百という曲が歌えるよりも、こうした1曲1曲の階名唱をしっかりマスターすることで、さまざまな音楽のメロディを聴いた時、キーに関係なく、"あれ？今のはドラソミじゃないか？"などと気づいていくのです。あるいは、突然、そんなメロディが頭に浮かんで来るかもしれません。それが作曲の始まりです。

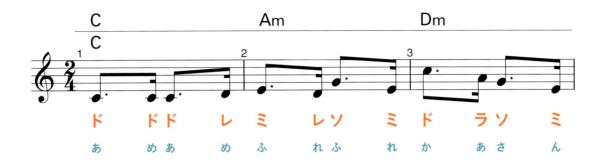
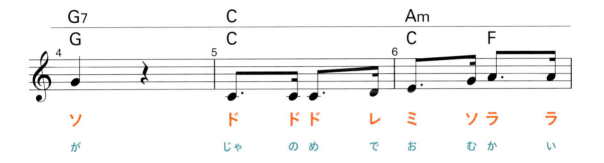
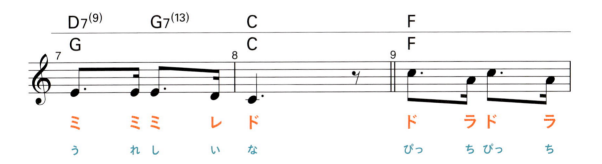
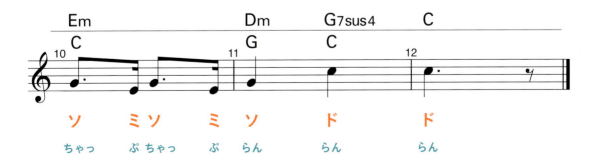

CD TRACK 11／24

雨

作詞：北原白秋　作曲：弘田龍太郎
1918年（大正7年）『赤い鳥』

♪ 曲について

　作詞の北原白秋は、この7年後の1925年（大正14年）に前項の「あめふり」を作詞しています。こちらの「雨」は歌詞と、弘田龍太郎による短調のメロディが相まって、憂鬱な雨の情景を描いています。それに対し、中山晋平作曲による「あめふり」では一変して、楽しい雨の世界を描いています。

♪ メロディのポイント

　短調（マイナー・キー）の曲で、"ラ"を主音としてメロディが作られています。ラから上のラの1オクターブだけで、きっちりとメロディが作られています。ラから出発する、ラシドレミファソラです。

　階名唱法での短調の歌い方の入門曲としてこの曲を取り上げていますが、短調の曲に現れる主要な音程がたくさん出て来ます。

　特に5〜8小節目の"ミミファミ、ララファミ、レミファミミ、シ"は、大変に音感の勉強になる音程に溢れています。

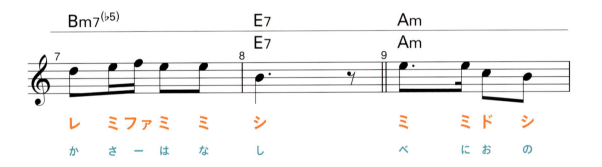

CD TRACK 12 / 26

しゃぼん玉

作詞：野口雨情　作曲：中山晋平
1922年（大正11年）『金の塔』

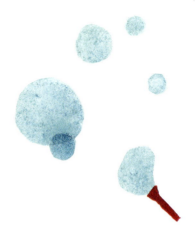

♪ 曲について

　野口雨情によるこの歌詞には、さまざまな説があります。亡くなった長女のことだとか、その後再婚して生まれて亡くなった女児のことだとか、亡くなった親戚の子じゃないか、貧困から間引きされる子供たちを憂いたんじゃないか、という説まであります。しかし、雨情本人の口から、真意が明かされることはありませんでした。

♪ メロディのポイント

　世界中で多くの名曲の出だしやサビに使われている"ソドレミ"のメロディが、この曲の出だしでも使われています。

　ソドレミの哀愁を含んだメロディは、この他にも本書収録の「茶摘み」や、アメリカのポピュラー・ソング「You Are My Sunshine」、カーペンターズの「Top Of The World」など世界中のヒット曲の中に溢れています。

　また、この曲で学ぶ美味しいメロディは"ラファドラソ"の箇所です。"こぎつねコンコン"の歌詞を持つ「こぎつね」（作詞：勝承夫、ドイツ民謡）では"やまのなか"の歌詞の部分で、"ラファドラソ"をくり返しています。

※本来は8小節目の最後から1小節目に戻って2番の歌詞をくり返しますが、CDではリピートせずに歌っています。

さくらさくら

CD TRACK 13／22

作詞作曲：不詳

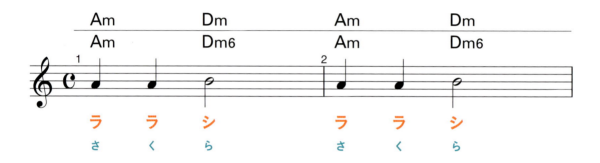

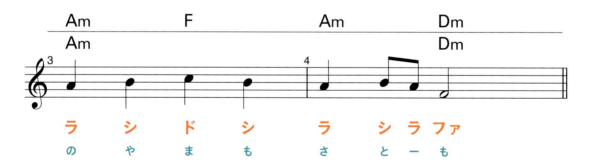

♪ 曲について／メロディのポイント

　外国人に最も知られる日本の曲のひとつと言えるでしょう。江戸時代の箏曲（お琴の曲）を原型とし、明治以降、西洋音楽にも対応できるよう改良された琴のブームとともに、琴や大正琴の入門者に知られていきます。大正12年、箏曲家の宮城道雄がこの曲をもとに作曲した「桜変奏曲」で一般にも知られるようになり、昭和24年に小学校6年生の教科書に掲載され必修歌唱教材となってから、今日のように日本を代表する曲となりました。

　西洋音楽でいう短調（マイナーのキー）のメロディです。音階のラの音を出発点として、ラシドレミファソと並べ替えたのが短調の音階です。音の使い方が「うさぎうさぎ」と同じく陰音階（陰旋法）で、ともに、ミの音で終わっています。

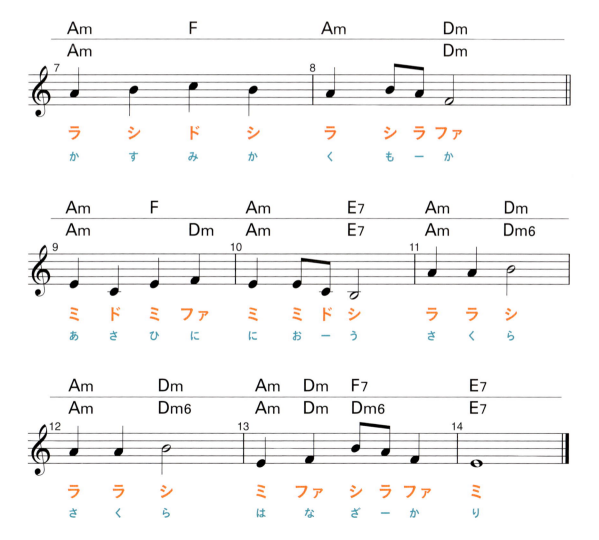

荒城の月

作詞：土井晩翠　作曲：滝廉太郎
1901年（明治34年）『中学唱歌』

♪ 曲について／メロディのポイント

　作詞の土井晩翠は、当時、詩人として島崎藤村と並ぶ大家で、詩の構想を3つの城（宮城県の青葉城、福島県の鶴ヶ城、岩手県の九戸城）から得たといいます。一方、この詩に付ける曲に応募した滝廉太郎は、大分県の岡城、富山県の富山城から作曲の構想を得たと言われています。

　滝廉太郎による原曲は無伴奏で、3小節の"ファファミレ"の"レ"の音（※）は♯が付いて、半音上がっていました。後年、ピアノ伴奏を作った山田耕筰が、この♯を取り除き、そのメロディが広まりました。本書では、この簡素化したメロディを採用しました。

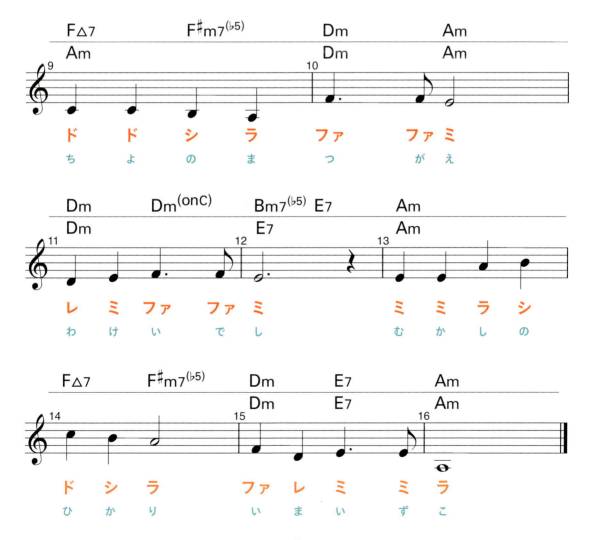

紅葉
もみじ

作詞：高野辰之　作曲：岡野貞一
1911年（明治44年）『尋常小学唱歌（二）』

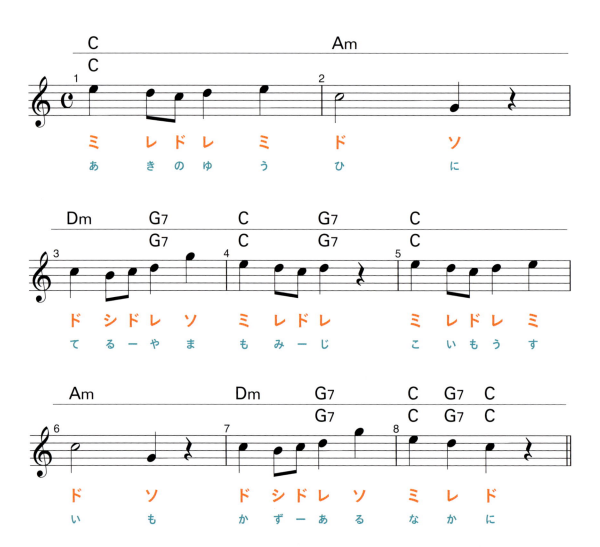

♪ 曲について／メロディのポイント

　小学校の低学年の頃に歌った経験のある人も多いと思いますが、子供にはなかなか簡単に理解できない歌詞です。長調の曲でありながら、なぜか、もの哀しい雰囲気があります。
　音階の7番目である"シ"の音を含むメロディです。"ド～シドレ～ソ～"のメロディがくり返されています。これだけでもしっかり歌えると、貴重な音程が学べます。後半の"ソ～ラソミ～レ～ド～ソ～"を口ずさめるようになると、音楽的にも大きな基礎となります。

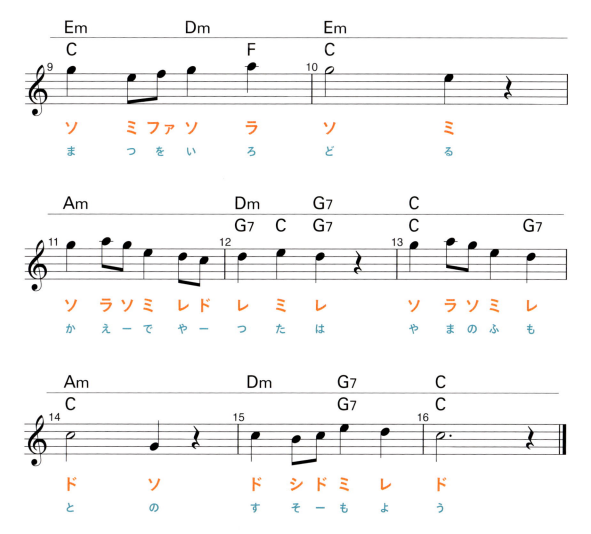

浜辺の歌

作詞：林古渓（こけい）　作曲：成田為三（ためぞう）
1918年（大正7年）

♪ 曲について／メロディのポイント

　音楽雑誌に掲載された林古渓の詩に成田為三が曲をつけました。成田には、この他に"うたを忘れたかなりやは"という歌詞の「かなりや」（作詞：西條八十）があります。成田は、人気作曲家の道よりも、本格的な作曲家の道を選び、多くの管弦楽やピアノ曲を残しましたが、そのほとんどが空襲で失われました。

　本書では、初めて、レに♯という"半音上がる"ことを示す記号（臨時記号といいます）が使われています（※の箇所）。臨時記号の歌い方にはいろいろな方法がありますが、ここではRi（リ）と歌ってください（♯の音は語尾をiにする歌い方で、ReがRiになります）。

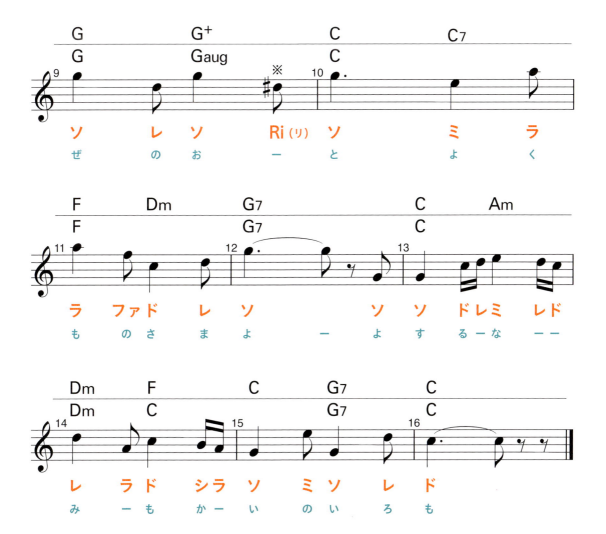

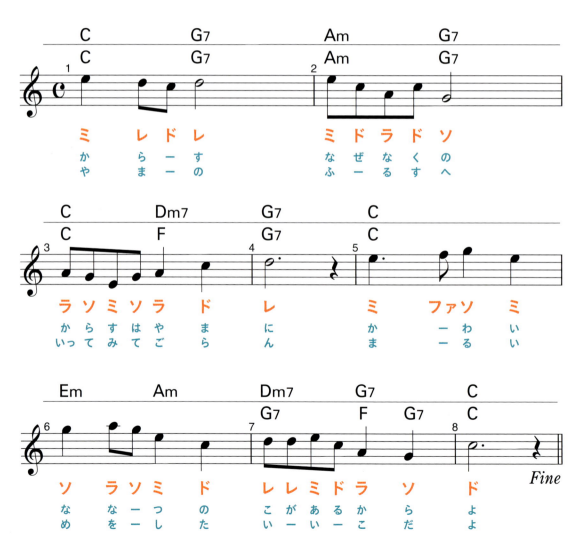

♪ 曲について／メロディのポイント

　曲名の由来は、雨情の息子が7歳の頃作られたからとか、雨情自身が7歳で母親と別れたからといった説があります。しかし、言語学者の金田一春彦によると、室町、江戸時代を通じて流行った歌謡に"七つの子"というフレーズがあり、"子供"の枕詞として"七つの"という言い方があったそうです。

　ミの音から高いラの音（1オクターブと4度）という、広めの音域で作られています。2小節目の"ミドラドソ"や、サビの最後の"ミファラドレ〜"などが、音感を鍛えるための"美味しい音程"のメロディです。16小節目から冒頭へ戻り、8小節目で終わります。

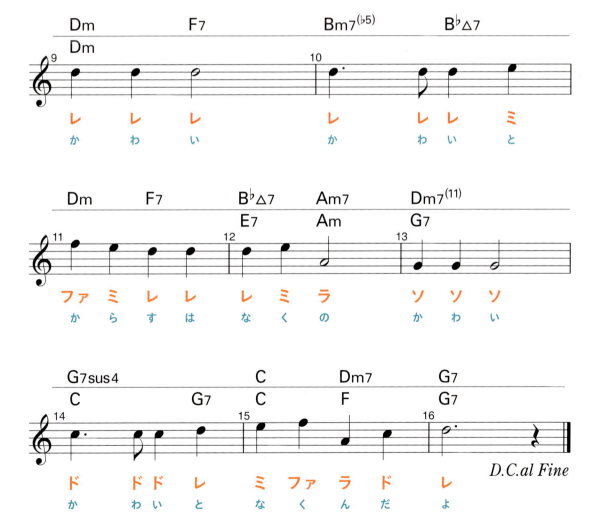

叱られて

作詞：清水かつら　作曲：弘田龍太郎
1920年（大正9年）『少女号』で歌詞初出

♪ 曲について／メロディのポイント

　作詞の清水かつらの実母は清水が4歳の頃に家を出ましたが、新しい母親は決して歌詞のようには清水を疎んじなかったといいます。都会育ちの清水ですが、よく母親の田舎で過ごしました。きつねのイメージはそこから来たのでしょうか。

　ドレミソラの五音階のメロディです。前半は、ソの音がまるで主音のように、ソからソまでの1オクターブで作られています。後半のサビの4小節だけは、"ラ"を中心とした短調のような世界に入り、いつのまにか再び長調に戻ります。長調でありながら、きつねがコンと鳴くもの哀しい世界を創り出しています。

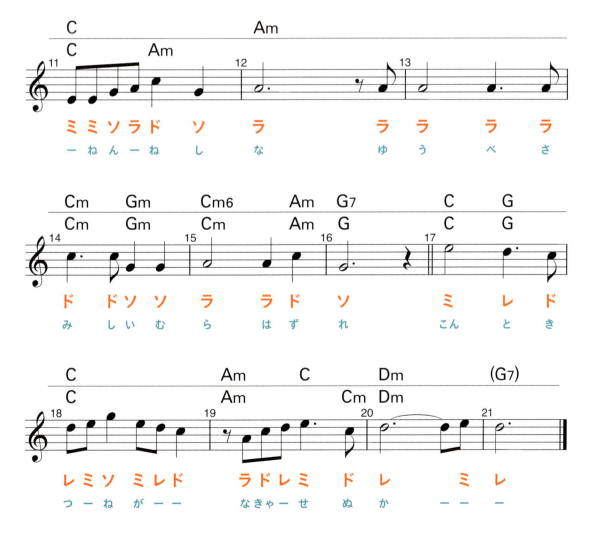

CD TRACK 19／30
赤とんぼ

作詞：三木露風　作曲：山田耕筰
1921年（大正10年）『樫の実』に歌詞初出
1927年（昭和2年）『童謡百曲集』に曲初出

♪ 曲について

　ここに載せていない3番の歌詞の出だしは"十五で姐やは嫁に行き"ですが、明治時代、雇われて子守りをした"姐や"たちは、まだまだあどけなさの残る少女たちでした。三木露風の母が離縁して家から去ったのは露風がまだ5歳の頃です。晩年、90歳の母の天寿を看取り、その2年後、タクシーにはねられ74歳の生涯を終えています。

　一方、作曲した山田耕筰は、露風が亡くなった翌年の同じ日に病死しています。父親を10歳で亡くし、17歳で母親をガンで亡くしています。

　"母親"という存在に対する想いが込められた詞と曲です。

♪ メロディのポイント

　冒頭の"ソドドレ、ミソドラソ"は、本書収録の「茶摘」と同じ"ソドレミ"のメロディです。この曲の一番低い音の"ソ"の音から、一番高い"ド"の音までは、専門的には、1オクターブと4度です。広い音域で作られているので、歌う場合には高い音が出るように、自分に合ったキーを見つけるといいでしょう。

　3小節目の"ラドド"の下行メロディの音程は、音感を学ぶのに"美味しい音程メロディ"です。

第2章 音感が身につく20の童謡と唱歌

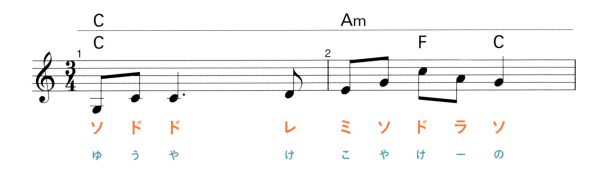
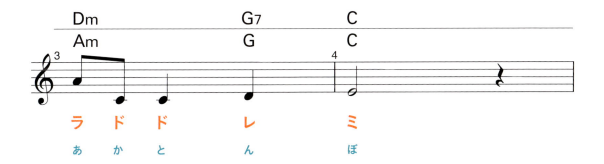

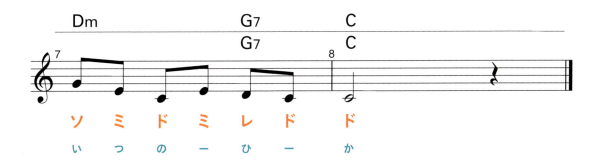

てぃんさぐぬ花

沖縄民謡

♪ 曲について

　1972年(昭和47年)5月15日の沖縄返還本土復帰以前、1966年にNHK『みんなのうた』で放送されたことで全国に知られています。
　"てぃんさぐ"の花とは鳳仙花(ほうせんか)のことです。沖縄の子供たちは、鳳仙花で爪先にマニキュアをして遊びました。"鳳仙花は爪先に染めて、親の教えは心(肝)に染めなさい"というのが1番の歌詞の意味です。

♪ メロディのポイント

　一般に沖縄民謡の音階(琉球音階)は、音階のレとラが抜かれた、ドミファソシ(ド)と言われていますが、この曲では"レ"も使われています。沖縄民謡の特異性は、日本本土の民謡や童謡で大切な"ラ"の音がなくて、変わりに、西洋音楽でもないのに"シ"の音がある、という点でしょうか。

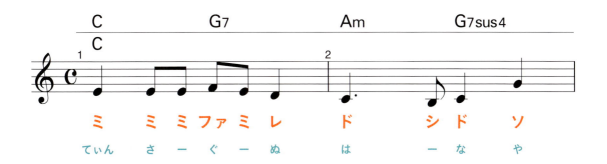
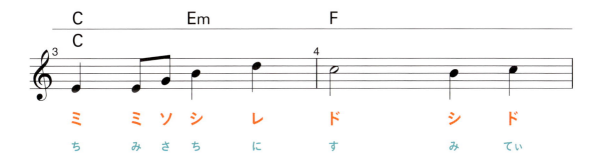
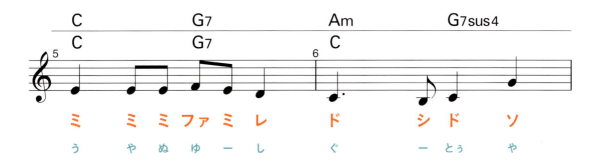
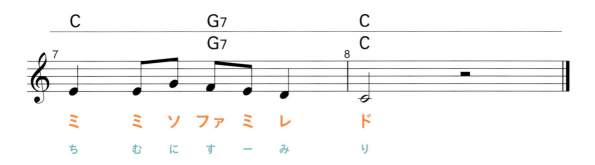

「赤とんぼ」と日本語のアクセント

　詩人の創作した詩にあとからメロディをつけることは、実は簡単ではありません。日本語には、言葉の持つ高低のアクセントがあるからです。
　"雨"と"飴"はともに"アメ"ですが、アクセントは異なります。"箸"と"橋"などもそうです。一般に日本語アクセントは音の高低で表現され、英語は音の強弱で表現されると言われています。
　童謡の作曲家の中でも、日本語のアクセントに最も忠実にメロディを付けたと言われるのが、山田耕筰です。山田が作曲した「赤とんぼ」(作詞：三木露風)をめぐっては、さまざまな議論があります。「赤とんぼ」は1921年(大正10年)に詩が児童雑誌『樫の実』で発表され、曲は1927年(昭和2年)に作られています。
　山田は、3小節目の"赤とんぼ"という言葉に対して"ラドドレミ〜"というメロディを付けています。"あ"(ラ)よりも"か"(ド)の音が低いわけです。
　私的に山田に指導を受けた作曲家の團伊玖磨は、他の山田作品に見られるアクセントへの忠実性と、「赤とんぼ」との、あまりの違いに疑問を抱き、山田に尋ねたところ、"これは古くからの江戸っ子のアクセントである"という回答を得たといいます。
　実際、NHKの"標準語"の基準では、2語が連語になった際、"赤とんぼ"の"赤"は"あ"の方が高くなるというものがあるそうです。
　しかし、この曲の2番の歌詞の同じ箇所は"桑の実"、3番では"嫁にゆき"、になり、それぞれ最初の音が高くなるため、"桑"は大丈夫ですが、"嫁"は"夜目"に聴こえてしまうと指摘する学者もいます。
　山田の他の作品や、他の作曲家の場合は、こうした場合、2番、3番の歌詞のためにメロディを一部変える、という手法を使ったりしますが、「赤とんぼ」では、そのまま1番のメロディで押し通しています。
　確かに"赤ちゃん"などの"アカ"のアクセントは、山田の言う江戸アクセントになりますが、"赤ひげ"、"赤毛"、"赤ワイン"などでは"あ"を高くして強調すると、2語をつなげた連語であっても違和感を覚えることでしょう。
　江戸アクセントだったとしても、明治19年に東京本郷(文京区)に生まれた山田より38歳若い、東京原宿(神宮前)で生まれ育った團伊玖磨(大正13年生)でさえ、"赤とんぼ"のアクセントに違和感を感じたのですから、東京以外の人が持った違和感はさらに大きいのではないでしょうか。
　しかし、どんなに違和感ある歌詞とメロディの組み合わせでも、メロディとしてくり返し聴き続ければ、誰でも慣れていく、という音楽の持つ呪術性を感じるエピソードです。
　なお、近年では、日本語のアクセント表現にも、音の高低だけではなく、英語のような強弱アクセントといった、どちらの要素も必要だとわかっています。3音節の言葉では、最初の音を強調したアクセント音の直後、2番目が高くなる例もあります。例えば"なさけ(情け)ない!"などでは、"さ"が、アクセントの強い"な"より高い音になります。一律に、"日本語のアクセントは音の高低のみ"とも言えないというのが、最近の研究で判明しています。
　言葉の持つ多様なアクセントとメロディとの関係に注目していろいろな曲を見直してみると、作曲家の苦労や工夫が伺えるでしょう。

第3章
音楽の基礎はすべて童謡と唱歌にある

この本では、童謡や唱歌が持つさまざまな面の中でも、
階名唱法による音感の習得にフォーカスしてきましたが、
他にもいろいろな要素が含まれています。
最後となる第3章では、階名唱をより効果的にするための方法や、
すべての音楽に通底するリズムの基礎について解説します。

Chapter 3-1 類似メロディで音感を強化しよう

似た者同士を探せば音感が育つ

同じ人をあちこちで見かけると、その人のことを覚えるのも早いのと同じで、同じメロディがあちこちの曲に登場すれば、そのメロディを通じて階名唱を覚えるのが簡単になります。

世の中の曲はいろいろな調（キー）で演奏されているので、固定ド唱法的に捉えているとなかなか気づきませんが、頻出メロディはたくさんあり、移動ド唱法で捉えれば次々に見つけ出すことができます。

大事なことは、これらを"知識"として記憶するだけで終わらせず、ちゃんと階名唱法でメロディを歌えることです。

童謡や唱歌の短いメロディの中には、いろいろな曲で使われる重要なメロディがたくさん含まれているので、本書の収録曲をマスターすれば、一般のヒット曲の中にも知っているメロディを見つけられるようになるでしょう。

● ソドレミのメロディ

曲の冒頭など使われやすいのが、"ソドレミ"と上がっていくメロディです。それぞれの曲の解説でも触れていますが、本書収録曲では、「しゃぼん玉」、「赤とんぼ」、「茶摘」、「浜辺の歌」などの冒頭のメロディで使われています。

一般のヒット曲では、「千の風になって」、「PRIDE」（今井美樹）などの有名曲があります。この他にも、日本は"ソドレミ王国"と呼んでもよいくらい、ソドレミを利用したヒット曲が多くあります。本書で得た音感を使って探してみてください。

日本の曲ばかりでなく、世界中にも多くのヒット曲があります。古くから知られているのは、アメリカのポピュラー曲「You Are My Sunshine」や、ノラ・ジョーンズが歌ったことで再人気となったジャズの「Nearness Of You」などもあります。

このソドレミ・メロディは、冒頭だけでなく、サビへ入るための盛り上がりにもよく使われています。誰もが知っているという例では、カーペンターズの「Top Of The World」などがあります。

● ラファドラソのメロディ
「しゃぼん玉」の"やねまで、と(んだ)"の歌詞のメロディです。このメロディは、「こぎつね」(ドイツ民謡、作詞：勝承夫)では、"やまのなか～"という歌詞の部分で、2回もくり返します。

● ミソラソのメロディ
"ミソラソ"と聴けば、「春の小川」(作詞：高野辰之、作曲：岡野貞一)です。しかし、本書をマスターした人ならば、「叱られて」の冒頭、"しか～ら～れて～"という歌詞も聴こえてくるはずです。

● ドラソのメロディ
"ドラソ"、と言えば「象さん」(作詞：まどみちお、作曲：團伊玖磨)です。"ぞうさん、ぞうさん"が、"ド～ラソ、ド～ラソ"です。
　本書では「春よ来い」の、7、8小節目の"みいちゃんが"の歌詞のメロディが、"ドドララソ"です。「うさぎとかめ」の11、12小節の"ものはない"も"ドドドラソ"です。
「あめふり」での3小節目の"かあさんが～"の歌詞のメロディも"ドラソミソ～"です。

● ソミのメロディ
　"ソミ"という音の跳躍はとてもよく使われます。すぐに出て来るのが「ちょうちょう」(スペイン民謡、作詞：野村秋足)の"ちょうちょう"の歌詞のメロディ"ソ～ミ～ミ"です。
　本書収録の「うさぎとかめ」も、出だしが"ソミソミ"です。
「春が来た」も"ソ～ミファソ～ラ～"ですから、冒頭から"ソミ"を含んでいます。
　バリエーションとして、"ソミ"の"ミ"が上の方の"ミ"になっているものに、「浜辺の歌」の7、8小節目や15、16小節目の"ソミソレド～"もあります。
「見上げてごらん夜の星を」(作詞：永六輔、作曲：いずみたく)の"見上げてごらん"の歌詞のメロディも、"ミ"が1オクターブ上がる"ソ～ミ～ミミ、ミファソ～"という出だしです。
　また、先に触れた"ソドレミ"のメロディも、ソから出発して"ミ"にたどりつくプロセスだと捉えれば、"ソ(ドレ)ミ"という、正しい"ミ"へのジャンプが無事できるでしょう。

階名唱法でセンサーが磨かれる

　このように似ているメロディを探すことで、そのメロディの音程に慣れていきます。
　大事なことは、1曲でもしっかりと歌い、正確な階名唱法が使えるようになることです。
　この能力が、さまざまなポピュラー曲の類似メロディを発見できるセンサー能力に繋がるのです。"あれ、このメロディは……"と、聴こえて来たメロディに反応できるようになりましょう。

Chapter 3-2 童謡と唱歌のいろいろな拍子

拍子は小節の長さとアクセントを表す

　童謡や唱歌からは、リズムの基礎知識となる、"拍子"についても学ぶことができます。拍子というのは、楽譜の冒頭に書いてある分数で示され、音楽の一区切りである"小節"の中に、どれくらいの長さの音符が入るかを表すとともに、アクセントの付け方を指定しています。

　童謡や唱歌には、意外といろいろな拍子の曲があり、シンプルなメロディによって、それぞれの拍子の特徴を把握しやすいのです。

　本書収録の曲の拍子の一覧です。

◎4分の4拍子（4/4）
てぃんさぐぬ花、茶摘、荒城の月、叱られて、春が来た、ふじの山、さくらさくら、紅葉、七つの子

◎4分の2拍子（2/4）
どんぐりころころ、雨、あめふり、しゃぼん玉、うさぎとかめ、春よ来い

◎4分の3拍子（3/4）
故郷、背くらべ、赤とんぼ

◎8分の6拍子（6/8）
浜辺の歌

◎8分の4拍子（4/8）
うさぎうさぎ

　日本的なメロディを持つ童謡は2/4や3/4が多く、西洋音楽教育を意識した唱歌は4/4が多い傾向があります。

分数表記の意味

　拍子にはいろいろな種類があります。2拍子に始まり、3拍子、4拍子、5拍子、6拍子までが、一般的な拍子です。

　楽譜上での拍子は、分数で表記されます。分母にあたるのが、基本となる"1拍"の単位で、分子にあたるのが、1小節の中に入る"拍"の数です。

　拍子の基本単位というのは、音符の種類のことです。例えば4/4なら、分母が"この曲は4分音符が基準です"ということを意味しています。分子は、"この曲の1小節分は、分母の音符（この場合は4分音符）が4つある長さです"、ということを表しています（図解①）。

　3/4 なら、分母が"4"ですので、"この曲は4分音符が基準です"を意味しています。分子は、その"4分音符3個分が1小節の長さです"という意味です（図解②）。

　拍子の単位になる音符には、4分音符以外では、8分音符があります。

　6/8 という記号ならば、分母が"8分音符が基準です"と示していて、分子が"6"なので、"1小節分の長さは8分音符6個分

です"という意味です（図解③）。本書では、「浜辺の歌」だけがこの拍子です。

　その他には、2/2 があります。これは、"1小節の長さが2分音符2個分です"という意味です（図解④）。

　4/8 は、"1小節の長さが8分音符4個分"という意味です。ほとんど使われませんが、本書収録の曲「うさぎうさぎ」で表記されています（図解⑤）。

偶数系と奇数系のリズム

　拍子は、分子の数によって、偶数系と奇数系に分けられます。その最少単位が、2拍子と3拍子です。

　2拍子系は1小節を1、2と数えます。手拍子も1小節に2回です。2小節あれば、1-2、1-2です（図解④、⑤）。

　3拍子系は、2小節あれば、1-2-3、1-2-3、ですね。手拍子も1小節に3回叩きます（図解②）。

　2拍子の倍の4拍子系は、2小節あれば、1-2-3-4、1-2-3-4です。1小節分は、手拍子4回です。（図解①）

6/8は3拍子の倍の6拍子ですが、3拍子系ではなく、2拍子系になります（図解③）。

6拍子は、3+3と分けて考えるため2拍子系なのです。6拍子を、前半3個、後半3個に分割して数えるわけです。123、456と数えそうなものですが、これを2拍子として、"1（イ）イト　2（ニ）イト"という数え方になります。

2小節あれば"1イト　2イト　1イト　2イト"とくり返します。2拍子系ですから、手拍子は、それぞれの1（イ）と2（ニ）の部分に合わせて2回打ちます。

本書では、「浜辺の歌」だけが6/8拍子です。タタタ、タタタとふたつの3連符を感じるように、1小節内を左右に揺れるような気持ちで歌うのがコツです。譜面にすると図解⑥のように、複雑な感じ方に見えますが、要は、付録CDの歌を真似て歌えば簡単に歌えます。余裕を持って歌えるようになってから、2拍子を意識しながら歌ってみてください。

拍子とアクセント

拍子には、それぞれアクセント（強調）がつきます。アクセントがついて初めてリズムが生まれます。

拍子は、1-2とか1-2-3と、ただ数えているわけではありません。基本的に最初の1は強くなります。手拍子や楽器だと、そこだけ気持ち的に強く叩いたり吹いたり、歌ったりします（あくまでも歌が不自然にならない、気持ち程度です）。他の拍は、それよりは弱いのです。

2拍子は、1-2ですから、最初の1が強いので、"強、弱"という強弱のくり返しです。この2/2を基本として、4/4があります（図解④、⑤）。

2/2と4/4は、小節の長さ自体は同じです。4分音符というのは、2分音符2個分だからです。両者の違いは、最終的には、"曲のイメージ"ということになります。

2/2は、基本的には大きな強弱リズムのイメージですが、4/4的な世界に行くこともできます（アクセントが変わります）。一般に2/2はテンポの速い曲に使用されることが多くあります。

本書では扱わない拍子なので、2/2拍子やリズムに専門的に関心のある人は、拙著『日本人のためのリズム感トレーニング理論』（2014年2月7日出版）をぜひ読んでみてください。

本書では、8分の4拍子（4/8）という、他ではほとんど見ない拍子の曲、「うさぎうさぎ」を、古くからある譜面表記に従い掲載しています。4分の2拍子の曲で8分音符が中心なので、この表記にしたのでしょう（図解⑤）。

3拍子系は、1-2-3ですが、最初の"1"が強ですから、"強弱弱"という強弱パターンです（図解②）。

4拍子系は、1-2-3-4ですから、最初の"1"が強です（図解①）。すると、残り3個

は、すべて弱になりますが、3拍目の弱は、他の弱との違いがあるので、"中強"とされます。"強"よりは、ちょっとだけ弱い強め、というのが"中強"です。これは、2/2の4分音符分割から来ています。(図解④)

4/4と2/4の違い

　西洋音楽の教育を意識したと思われる文部省唱歌は4/4の譜面が多く、日本的な作曲がされている童謡やわらべ歌は、基本的に、2/4で記譜されています。

　両者の大きな違いは、アクセントです。2/4拍子は、単純に、1拍目が強拍で、2拍目が弱拍の二進法です（図解④、⑤）。

　2拍子で"エンヤ〜、トット"をくり返せば、最初の"エ"に力がこもります。ところが、便宜上4/4として書いたとしたら、アクセントが変わって来ます。4拍子では、3拍目は1拍目より、ちょっとだけ弱く（中強）なるわけです（専門家でなければそれほど気にしなくともよいのですが）。

　厳密には、こうしたアクセントの違いがあるので、2/4拍子の曲を、小節数が半分になるからといって、気軽に4/4拍子にするわけには行きません（編曲された童謡は別です）。

　一般に文部省唱歌は、西洋音楽教育を意識して、2/4ではなく、4/4で作られています。その辺を意識して本書の収録曲を見直してみましょう。

あとがき

　音感を鍛えるために童謡や唱歌を利用するというアイディアは、2011年にベストセラーとなった拙著『大人のための音感トレーニング本』から扱っていて、2015年の『大人のための作曲入門本』では、長調の五音階、短調の五音階を専門的に解説しています。また、『作曲入門本』の"音痴を治そう"というコーナーでは、中山晋平の童謡「あめふり」、「あの町この町」、「兎のダンス」や、本居長世の「赤い靴」、納所弁次郎の「うさぎとかめ」、外国の曲からは「トロイカ」、「朝日のあたる家」、「ジングルベル」などを階名唱で取り上げています。

　音感を鍛える目的で、童謡や唱歌は最適です。なぜなら、音感トレーニングのためのメロディは、"世代を超えて誰もが知っている"というのが最大の条件だからです。

　教育に使えるという点では、明治政府発足以来、国を上げての義務教育の一環として、"この歌は知っておかないといけない！"として、音楽の授業で伝えられた唱歌のメロディは、現在のテレビやラジオやインターネットといった媒体で広まっていくメロディとは大きな違いがあります。

　唱歌の目的は、文化の面でも西欧諸国と肩を並べる国家を作るというものです。いわば、明治政府の"西洋文化への追いつけ学習"です。しかし明治政府発足当時、西洋音楽を作曲できるような人材はいませんから、メロディは西洋音楽から"借りる"しかありません。そこで、外国から持ち帰ったメロディ（「ちょうちょう」、「蛍の光」など）や、すでに一部の日本人に浸透していた讃美歌が利用されます。唱歌を研究した本に、こんな記述があります。

"六人の楽曲委員のうち四人までがクリスチャンかキリスト教に親しんでいた人物であったことから、六人の合議で作られた尋常小学唱歌の数々が、讃美歌の影響を受けていたと考えられるが、実際、「朧月夜」（引用註：おぼろづきよ）の流れるような旋律などは讃美歌そのままといってよい。"

（『「唱歌」という奇跡十二の物語／讃美歌と近代化の間で』／安田寛／文春新書／2003年／P.152より引用）

　当初は、讃美歌や海外の曲からの借用というのが唱歌でしたが、次第に日本にも、西洋音楽を身につけた作曲家が生まれて行きます。そこで、ようやく自家製の日本メロディが生まれたのです。

　こうした文部省唱歌は、現在のテレビやラジオでのヒット・ソングのように国民の間に広まったわけではありません。こうした近年のヒット曲との大きな違いは、国による"国民への啓蒙"という明確な意図があった点です。構造的に言えば、子供でも歌えるような音域に限定し、その中で音階の7つの音をまんべんなく使用する、などです。こうした"教育目的"の作曲法では、昨今のテレビやラジオのヒット曲のようなメロディは創造されません。つまり文部省唱歌は、楽器を習う際のエチュード（練習曲）と同じようなものと言えると思います。エチュードは、楽器の技術を向上させる目的で創作された曲です。

　文部省唱歌の歌詞に関しては、当時の国策と関連したさまざまな指摘がなされていますが、私にとっての文部省唱歌の"歌詞"は、"階名唱"のことです。例えば私は、「ふじの山」のメロディを聴くと、"頭を雲の上に出し"という1番の歌詞まではなんとか覚えていますが、2番以降は覚えていません。それよりも、"ソソラソ、ミドレミ"という階名唱が真っ先に頭の中に浮かんできます。

　唱歌の歌詞が覚えにくかったのは、国家が啓蒙すべ

き思想が、文語調の歌詞でつけられていたからです。
　こうした"国家教育"としての文部省唱歌に対抗して、民間から"童謡"が生まれました。

"童謡とは大正七年創刊の「赤い鳥」のころから作られはじめた創作子どもの歌を総括した呼び名である。つまり、明治以後の日本文化の西洋化、西洋文明に追いつけの風潮から日本的なドレミファ音楽の産物なのだ。

しかし、その前に文部省が発行した小学校唱歌全三篇が広く広く日本中の学校にとどいていた。

これが近代日本における官制ドレミファ音楽の公表第一号である。歴史的にはそのはるか以前、十六世紀後半にキリシタン大名がイエズス会宣教師によってドレミファ音楽の古典型を聞いたり、同じ時代に天正の少年使節団（中略）がバチカンまで言って学んで来た合奏を豊臣秀吉が聴いたという話しもある。"

(『童謡はどこへ消えた』／服部公一／平凡新書／2015年／P.18より引用)

　童謡は、こうした政府が推奨する文部省唱歌に対抗して生まれています。確かに「しゃぼん玉」を小学校の授業で学んだ記憶はありません。学校で学ばないということは、童謡は家庭教育なのです（もちろん、昭和30年代の後半からのテレビの普及も関連しています）。
　そのためか、私には童謡を階名唱で歌った記憶はありません。童謡は、子どもたちに芸術性の高い歌を与えるという主旨から創作されていますから、まずはその詩が子どもたちの記憶に残ります。童謡では、北原白秋などの詩人が書いた"詩"が先にあるのが一般的で、曲が先ではないのです。

　時代とともに、音楽教育という目的での文部省唱歌は"製造中止"（？）となりますが、一方、"子供たちのために"という童謡の創作は現在も続いています。こうした童謡史を語った、現在の作詞家と作曲家の対談を『童謡はどこへ消えた』から引用してみます。

　谷川俊太郎（1931年［昭和6年］東京府豊多摩郡杉並町（現、東京都杉並区）生まれ。詩人、翻訳家、絵本作家、脚本家）と、服部公一（1933年［昭和8年］山形県山形市生まれ。作曲家）のふたりです。

"服部：やっぱり「赤い鳥」というのは、かなりエポックメーキングな……。

谷川：それはそうですよ。服部さんが書いているように、童謡というのは日本に独特なものでしょう。

服部：非常に独特、世界的なものですよ。

谷川：それが不思議なんだけど、童謡はドレミファと一緒にできたものなんですね。

服部：明治時代も詩を書く人はたくさんいたわけですけど、いわゆる擬古文みたいなちょっと古い日本語で、たとえば「小諸なる古城のほとり」といった具合だった。

谷川：滝廉太郎とか山田耕筰とか、外国で勉強してきた人が帰ってきてからということかな。

服部：そう、本居長世とか。そういう意味では、歌曲というものができ始めたのが大正の初めで、その後に童謡といいながら、子どもではとても歌えないような童謡がたくさんあった。

谷川：ぼくが小学生くらいの時にはすでに童謡歌手は売れていましたね。うちの父は童謡歌手の黄色い声が嫌いだったから、そういうレコードは家に全然なかったんです。

服部：それはわが家でも同じでした。川田正子などはもう戦争中から盛んに歌っていたけれど、戦後は童謡歌手が歌う童謡が日本人のセンチメントに訴えたような感じがありましたね。

谷川：僕が寺島尚彦（作詞家、作曲家）などと一緒に子どもの歌を始めたころは、そういう古い童謡が嫌いでしょうがなかったわけです。

それとは違うものをやらなくてはいけないという意識が凄く強かった。だから「新しい子どもの歌」とか、無理やり命名して書いていた。あのころ、NHKの「みんなのうた」はまだ始まっていないのかな。

服部：まだです。

谷川：もうちょっと後だよね。

服部：あなたが寺島さんたちと始めたころは「うたのえほん」です。

谷川：そうか。「うたのえほん」か。

服部：「うたのおばさん」

谷川：そうそう。松田トシ。安西愛子……。そのころはまだ僕の歌なんか取り上げなかったんだけど、「みんなのうた」で僕が最初につくったのは「誰もしらない」。中田喜直さんが曲をつくってくれて。

そのころ、「みんなのうた」なんて全然有名ではなくて、歌われたからって流行るわけでもなかった。それに続けと、フジテレビでもこども番組「ひらけ！ポンキッキ」が出てきて、「およげ！たいやきくん」なんて、そこで出てベストセラーになったわけでしょう。

服部：戦後は「うたのおばさん」から始まって、「みんなのうた」、それから「うたのえほん」でバブルのように子どもの歌ができたんですよ。

谷川：作曲家でも、團伊玖磨とか芥川也寸志とか、一流の作曲家だったんですよね。

服部：そうです。あの先生たちより私たちは十歳下だったんですけど、赤い鳥とは違う「子どもの歌」をつくろうとしていた。

谷川：歌い手も童謡歌手を使わないで、大人の歌手に歌ってもらいたいと。

服部：そうそう。友竹正則さんなどがそうです。

谷川：立川清登（すみと）とかね。

服部：NHKもその気になって盛んにわれわれに委嘱したんですね。

谷川：そうだろうね。民放でもそういう創作歌曲の番組があって、僕は随分そこから歌詞を委嘱されて、芥川さんが曲を書いてくれたりというのがありました。"

（『童謡はどこへ消えた』服部公一／平凡新書／2015年／P.231〜234より引用）

　私の家庭の場合、息子は3歳くらいの頃から「あわてんぼうのサンタクロース」（作詞：吉岡治、作曲：小

林亜星）が好きで、毎日、何度も何度も聴いていました。ああ、やっぱり、子ども（幼児？）が好きな歌というのはあるんだなあ、と思ったものです。

作曲した小林亜星（1932年［昭和7年］生まれ）は、アニメ・ソングの帝王と言われるくらい数々のアニメ・ソングを残しています。小林氏は私の子ども時代の"童謡作家"と言えるかもしれません。小林氏が作曲したアニメ・ソングは、「科学忍者隊ガッチャマン」（1972年）、「魔法使いサリー」（1966年）、「ひみつのアッコちゃん」（1969年）、「にんげんっていいな（まんが日本昔ばなし）」（1989年）、「みんなでたんじょうび」（1989年）、「花の子ルンルン」（1979年）、「怪物くん」（1980年）などさまざまです。

子どものための歌、という定義が「童謡」なら、こうした、子どもたちが歌う、アニメ・ソングも"童謡"の範疇と言ってもいいでしょう。

大正からの童謡との違いは、"啓蒙"の意味は込められていないという点です。つまり、アニメ・ソングは、一般に"教育"を目的としてはいない、ということです。

大事なことは、音楽を通じて、何を伝えたいのか、という点です。言葉（歌詞）で何を伝えるか、ということだけではありません。

唱歌は、讃美歌を借用しながらも、これらを通じて、西洋音楽の7音の音階の使い方を、国民に"啓蒙"したわけです。

しかし、歌詞をいくら歌っても音感は訓練されません。そのメロディの構造を理解しなければいけないのは当然のことです。いくら料理を食べても、その料理のレシピを知らなければ、その料理は再現できないのと同じです。そのレシピにあたるのが、本書で学べる階名唱なのです。

階名唱でこうした童謡、唱歌を正確に歌えるようになったら、音感の基礎が出来上がっています。

こうした基礎ができたあとは、ぜひ、拙著『大人のための音感トレーニング本～「絶対音程感」への第一歩編！』（2012年）にチャレンジし、"音の測量"とも言える"音程"の考え方を理解して、あなたが歌うことのできるメロディの音程名を覚えて下さい。

この『童謡を聞くだけで音感が身につくCDブック』をマスターしたあなたは、音感の基礎力がすでに身についていますが、それを指し示す専門用語を知らないだけです。

"どうもドとミ、ファとラ、ソとシなんかの組み合わせは、同じように感じるんだけど……？"と思うようになったら、あなたの音感は本物です。

あなたは"この子とこの子は、このクラスだよ"と、多くの子どもを知っていますが、その子たちの名前を知らないだけなのです。"ドとミ"や"ファとラ"は専門用語で"長3度"と呼ばれるんだよ、ということを知れば、あなたの音楽の世界はさらに広がっていきます。

そうなれば、実は、"ドとラ"や"レとシ"、"ファとレ"、"ソとミ"という組み合わせはみんな同じで、"長6度"と呼ぶんだよ！とようやく、伝えることができる段階に来たと思います。

2017年
友寄隆哉　沖縄にて

童謡と唱歌のおもな作曲家と作詞家

作曲家

本居長世（もとおり・ながよ）
明治18年（1885年）4月4日～昭和20年（1945年）10月14日
「七つの子」、「赤い靴」、「十五夜お月さん」、他

山田耕筰（やまだ・こうさく）
明治19年（1886年）6月9日～昭和40年（1965年）12月29日
「赤とんぼ」、「兎のダンス」、「からたちの花」、「この道」、「待ちぼうけ」、他

中山晋平（なかやま・しんぺい）
明治20年（1887年）3月22日～昭和27年（1952年）12月30日
「しゃぼん玉」、「あめふり」、「背くらべ」、他

弘田龍太郎（ひろた・りゅうたろう）
明治25年（1892年）6月30日～昭和27年（1952年）11月17日
「叱られて」、「春よ来い」、「雨」、「こいのぼり」、「靴が鳴る」、他

納所弁次郎（のうしょ・べんじろう）
明治13年（1880年）9月24日～昭和11年（1936年）5月11日
「うさぎとかめ」、「桃太郎」、「さるかに」、他　[『幼年唱歌』、『少年唱歌』、『尋常小学唱歌』、『高等小学唱歌』の編纂]

梁田貞（やなだ・ただし [または、てい]）
明治18年（1885年）7月3日～昭和34年（1959年）5月9日
「どんぐりころころ」、「昼の夢」、「隅田川」、他

岡野貞一（おかの・ていいち）
明治11年（1878年）2月16日～昭和16年（1941年）12月29日
「故郷」、「春が来た」、「春の小川」、「朧月夜（おぼろづきよ）」、「紅葉（もみじ）」「桃太郎」、「日の丸の旗」、「夕やけ」、他

成田為三（なりた・ためぞう）
明治26年（1893年）12月15日～昭和20年（1945年）10月29日
「浜辺の歌」、「かなりや」、他

作詞家

北原白秋（きたはら・はくしゅう）
明治18年（1885年）1月25日～昭和17年（1942年）11月2日
「あめふり」、「待ちぼうけ」、「ペチカ」、他

野口雨情（のぐち・うじょう）
明治15年（1882年）5月29日～昭和20年（1945年）1月27日
「しゃぼん玉」、「七つの子」、他

西條八十（さいじょう・やそ）
明治25年（1892年）1月15日～昭和45年（1970年）8月12日
「かなりや（唄を忘れたカナリヤ）」、「肩たたき」、「鞠と殿様」、他　[仏文学者、本書には西條作品は収録されていません]

三木露風（みき・ろふう）
明治22年（1889年）6月23日～昭和39年（1964年）12月29日
「赤とんぼ」、「秋の夜」、「かっこう」、「野薔薇」、「十五夜」　[詩人、童謡作家、歌人]

巌谷小波（いわや・さざなみ）
明治3年（1870年）7月4日～昭和8年（1933年）9月5日
「ふじの山」、「一寸法師」、他　[「桃太郎」や「花咲爺」などの民話は彼の手により再生されたといいます]

石原和三郎（いしはら・わさぶろう）
明治10年（1865年）11月29日～大正11年（1922年）1月4日
「うさぎとかめ」、「花咲爺」、「金太郎」、他

青木存義（あおき・ながよし）
明治12年（1879年）8月15日～昭和10年（1935年）4月19日
「どんぐりころころ」、他　[国文学者、小説家]

相馬御風（そうま・ぎょふう）
明治16年（1883年）7月10日～昭和25年（1950年）5月6日
「春よ来い」、「カチューシャの唄」（島村抱月との共作）、「かたつむり」、他

高野辰之（たかの・たつゆき）
明治9年（1876年）4月13日〜昭和22年（1947年）1月25日
「故郷」、「紅葉（もみじ）」、「春が来た」、「春の小川」、他

海野厚（うんの・あつし）
明治29年（1896年）8月12日〜大正14年（1925年）5月20日
「おもちゃのマーチ」、「七色鉛筆」、「背くらべ」、他

土井晩翠（どい・ばんすい）
明治4年（1871年）12月5日〜昭和27年（1952年）10月19日
「荒城の月」、他

林古渓（はやし・こけい）
明治8年（1875年）7月15日〜昭和22年（1947年）2月20日
「浜辺の歌」、他［漢文学者］

清水かつら（しみず・かつら）
明治31年（1898年）〜昭和26年（1951年）7月4日
「叱られて」、「靴が鳴る」、「雀の学校」、他

参考文献

金田一春彦（2015）『童謡・唱歌の世界』講談社.（主婦の友社〔1978〕の文庫版）
読売新聞文化部（2013）『唱歌・童謡ものがたり』岩波書店.
金田一春彦・安西愛子編（1977）『日本の唱歌（上）明治編』講談社.
金田一春彦・安西愛子編（1979）『日本の唱歌（中）大正・昭和編』講談社.
猪瀬直樹（2013）『唱歌誕生：ふるさとを創った男』中央公論新社.
安田寛（2013）『「唱歌」という奇跡・十二の物語：讃美歌と近代化の間で』文藝春秋.
佐山哲郎（2011）『童謡・唱歌がなくなる日：日本の唱歌に秘められた意外な真実』主婦の友社.
服部公一（2015）『童謡はどこへ消えた：子どもたちの音楽手帖』平凡社.
渡辺裕（2010）『歌う国民：唱歌、校歌、うたごえ』中央公論新社.
周東美材（2015）『童謡の近代：メディアの変容と子ども文化』岩波書店.
合田道人（2015）『本当は戦争の歌だった童謡の謎』祥伝社.
前田紘二（2010）『明治の音楽教育とその背景』竹林館.
金澤正剛（2007）『キリスト教と音楽：ヨーロッパ音楽の源流をたずねて』音楽之友社.
自由現代社編（1997）『たのしいこどものうた600選』
野ばら社編（2011）『童謡唱歌：スタンダード259曲』
成美堂出版編（2005）『うたってあそぼう！こどものうた』
普久原恒勇編（1971）『五線譜による沖縄の民謡』マルフク音楽企画.
杉藤美代子（2012）『日本語のアクセント、英語のアクセント　どこが違うのか』ひつじ書房.

著者プロフィール
友寄隆哉

　1959年(昭和34年)8月4日、沖縄県那覇市生まれ。コンテンポラリー・ジャズ・ギタリスト。作編曲家。クラシック・ギターを大沢和仁氏に、現代ギター全般を高柳昌行氏に、作編曲を佐藤允彦氏に師事。1994年より、全楽器対象のジャズ・アドリブ・トレーニング教室、SUNPOWER MUSICを主宰。2000年よりホームページ「友寄隆哉のジャズはなぜ死んだか?」を展開。2010年より「友寄隆哉 and all that "JAZZ"」にページ名改称。2002年より全国へ向けて、全楽器対象ジャズ・アドリブ・トレーニング通信講座を開始。2016年より通信講座からスカイプレッスンに移行。

　自作CD『友寄隆哉作品集全4集』、『THE OLD SONGS』を、著者ホームページ及びCD BABY(アメリカ)の通信販売や、iTunes Music Storeのダウンロード販売にて発売中。著書に、理論書としては異例のベストセラーとなった『大人のための音感トレーニング本』(2011年)の他、『同、絶対音程感への第一歩! 編』(2012年)、『日本人のためのリズム感トレーニング理論』(2014年)、『禁断のジャズ理論』(2014年)、『大人のための作曲入門本』(2015年)、『大人のための音感ドリル』(2016年)がある(いずれもリットーミュージック刊)。沖縄在住。

http://www.tomoyosejazz.com/

歌手プロフィール
島袋奈津子

　国立音楽大学音楽学部声楽学科卒業。二期会オペラ研修所51期修了。第25回江戸川区新人演奏会オーディションにて特別賞受賞、同演奏会出演。第46回新報音楽コンクール一般の部、声楽部門第2位。後進の指導にも携わる傍ら演奏活動を行なっている。二期会会員。

友寄隆哉の音楽教本好評発売中!

音楽理論を使って音感を
育成するベストセラー

大人のための音感トレーニング本
音楽理論で「才能」の壁を越える！
本体1,900円+税／CD付

理論書が
教えてくれなかった
実践的アドリブ術

禁断のジャズ理論
本体2,000円+税

有名曲を使って"音程"を
聞き取る集中トレーニング
（初級者対象）

大人のための音感トレーニング本
「絶対音程感」への第一歩！編
本体1,900円+税／CD付

音楽人生を一変させる
作曲への道

大人のための作曲入門本
本体2,000円+税／CD付

黒人的なリズム感を
身につけるために

日本人のためのリズム感
トレーニング理論
本体2,000円+税／CD付

効率的に日常的な
音感トレーニングができる

大人のための音感ドリル
本体1,900円+税／CD付

付録CDについて

文：編集部

🎵 TRACK 1 〜 20

本書に掲載されている童謡や唱歌を歌ったトラックです。
1番はメロディをドレミ（階名）で歌って、2番で歌詞を歌っています。くり返し聴いて、階名唱を覚えていきましょう。

🎵 BONUS TRACK 21 〜 31

本書掲載曲の一部をギターで演奏した、ボーナス・トラックです。メロディを聴くだけで階名が思い浮かべられるようになりましょう。歌とは違ったキー（調）で収録されています。

♪ 収録曲のキー（調）について

　本書に記載した階名は、"移動ド唱法"という考え方を採用しています。メロディと階名をちゃんと覚えたあとは、CDの歌の高さに合わせる必要はないので、自分の歌いやすい高さで歌ってください。正しく歌えていれば、どんなキー（調）で歌っても構いませんし、ピアノ上には存在しない半端な音から歌い始めても構いません（詳しい背景は第1章で説明しています）。

　気軽に、毎日の暮らしの中で、自分に合った音域でどんどん口ずさんでみてください。

　また、移動ドでの音感を養うため、CDの歌はさまざまなキーで収録されています。楽譜はハ長調（Cのキー）になっていますので、CDのキーは気にせずにドレミの階名を覚えてください。